中华人民共和国人民警察法

（实用版）

中国法制出版社
CHINA LEGAL PUBLISHING HOUSE

■**实用版**

编辑说明

运用法律维护权利和利益，是读者选购法律图书的主要目的。法律文本单行本提供最基本的法律依据，但单纯的法律文本中的有些概念、术语，读者不易理解；法律释义类图书有助于读者理解法律的本义，但又过于繁杂、冗长。“实用版”法律图书至今已行销多年，因其实用、易懂的优点，成为广大读者理解、掌握法律的首选工具。

“实用版系列”独具五重使用价值：

1. **专业出版**。中国法制出版社是中央级法律类图书专业出版社，是国家法律、行政法规文本的权威出版机构。

2. **法律文本规范**。法律条文利用了本社法律单行本的资源，与国家法律、行政法规正式版本完全一致，确保条文准确、权威。

3. **条文解读详致**。本书中的【理解与适用】从庞杂的相互关联的法律条文以及全国人大常委会法制工作委员会等对条文的权威解读中精选、提炼而来；【典型案例指引】来自最高人民法院指导案例、公报、各高级人民法院判决书等，点出适用要点，展示解决法律问题的实例。

4. **附录实用**。书末收录经提炼的法律流程图、诉讼文书、办案常用数据等内容，帮助提高处理法律纠纷的效率。

5. **附赠电子版**。与本分册主题相关、因篇幅所限而未收录的相关文件，制作成电子版文件。扫一扫封底“法规编辑部”即可免费获取。

中国法制出版社
2021 年 2 月

《中华人民共和国人民警察法》理解与适用

人民警察是武装性质的国家治安行政力量和刑事司法力量，承担预防、制止和惩治违法犯罪活动，保护人民，维持社会治安秩序，服务经济社会发展，维护国家安全的职责。正是由于其性质、地位的重要性和特殊性，国家颁布实施了大量的法律、法规来规范人民警察的行为，保障人民警察的权益。1995 年 2 月 28 日公布施行的《中华人民共和国人民警察法》（以下简称《人民警察法》），是我国历史上首部完整、系统的警察“基本法”。

2012 年 3 月 14 日，第十一届全国人大五次会议审议通过了《关于修改〈中华人民共和国刑事诉讼法〉的决定》，对刑事诉讼法作了重要修改完善。为解决与修改后的刑事诉讼法相关规定不一致、不衔接的问题，2012 年 10 月 26 日第十一届全国人大常委会第二十九次会议通过了《关于修改〈中华人民共和国人民警察法〉的决定》，将《人民警察法》第 6 条第 11 项修改为：“对被判处拘役、剥夺政治权利的罪犯执行刑罚。”

一、《人民警察法》与《中华人民共和国公务员法》的关系

人民警察是我国公务员的重要组成部分，因此自 2019 年 6 月 1 日起施行的关于公务员人事管理的《中华人民共和国公务员法》同样也适用于人民警察。其与《人民警察法》是一般法与特别法的关系，两者相互补充，当两者的规定不一致时，则优先适用特别法——《人民警察法》的规定。

二、人民警察的职责和权限

人民警察包括公安机关、国家安全机关、监狱的人民警察和人民法院、人民检察院的司法警察。

《人民警察法》规定了公安机关人民警察的 14 项职责，根据不同的职责，公安机关人民警察分为不同的警种，分工协作。而对于各个警种的民警，分别都有大量的法律、法规、规章和其他规范性文件规范其工作。此外，为确保人民警察依法履行职责，进行警务活动，人民警察法还赋予公安机关人民警察以下职权：实施行政强制措施、行政处罚权（《人民警察法》第7条）；强行带离现场权（《人民警察法》第8条）；盘问、检查、留置权（《人民警察法》第9条）；使用武器、警械权（《人民警察法》第10、11条）；搜查权（《人民警察法》第12条）；执行拘留、逮捕等刑事强制措施（《人民警察法》第12条）；优先乘坐公共交通工具权（《人民警察法》第13条）；优先通行权（《人民警察法》第13条）；优先使用权（《人民警察法》第13条）；采取保护性约束措施权（《人民警察法》第14条）；限制人员、车辆通行或停留权（《人民警察法》第15条）；交通管制权（《人民警察法》第15条）；现场管制、现场处置权（《人民警察法》第17条）；强行驱散权（《人民警察法》第17条）；法律、法规授予的其他职权。公安机关人民警察以外的其他人民警察也应当依照相关法律、法规的规定行使职权。

三、人民警察的义务和纪律

《人民警察法》在规定警察职权的同时也规定了其必须履行的义务和遵守的纪律。人民警察应当履行社会救助和公益方面的义务。《110接处警工作规则》对110报警服务台受理报警、求助、投诉的范围，接警时的基本要求以及接警后的处置、警务保障作了详细规定；另外《公安派出所执法执勤工作规范》对民警应当受理报案、控告、举报、群众扭送和投案自首等事项作了规定。人民警察不得有《人民警察法》第22条规定的违法乱纪的行为，否则应当根据本法中第48条和《行政机关公务员处分条例》给予行政处分，构成犯罪的，依法追究刑事责任。

人民警察还必须按规定着装，佩带警察标志或持有人民警察证件，保持警容严整。对此，《公安机关人民警察内务条令》《人民警察警衔标志式样和佩带办法》《人民警察警徽使用管理规定》以及《公安机关人民警察证使用管理规定》进行了全面的规定。

四、人民警察的管理制度

《人民警察法》“组织管理”一章中对人民警察的组织机构设置、职务序列、警衔制度、录用、培训、服务年限和奖励等作了原则性的规定。自2007年1月1日起施行的《公安机关组织管理条例》对公安机关的设置、编制和经费，警察职务设置、管理和待遇作了更为详细的规定。人民警察依法实行警衔制度，警衔是区分人民警察等级、表明人民警察身份的称号、标志和国家给予人民警察的荣誉。《中华人民共和国人民警察警衔条例》规定了人民警察警衔等级设置，警衔的授予、晋级、保留、降级和取消。人民警察的录用必须按照国家规定，公开考试，严格考核，择优选用。2019 年 10 月 15 日中共中央组织部修订了《公务员录用规定》，1996 年 9 月 10 日发布的《公安机关人民警察录用办法》（人发〔1996〕84 号）同时废止。对于表现突出、有显著成绩和特殊贡献的人民警察个人或集体应当给予奖励，《公安机关人民警察奖励条令》对奖励的类别、对象、等级、条件、标准、审批、撤销以及获奖的标志、待遇等都作了规定，该条令适用于全国各级公安机关，包括铁路、交通、民航、森林公安机关和海关缉私机关及其人民警察。公安边防、消防、警卫部队奖励工作则执行《中国人民解放军纪律条令（试行）》。

“警务保障”一章中对人民警察执行上级决定和命令，公民和组织对警察执行职务的协助和支持义务，警服、警用标志和警械、证件的管理，经费来源，装备建设，工资福利待遇以及伤残抚恤和优待作了规定。

人民警察执行职务，除应依法建立人民警察内部监督外，还应当依法接受人民检察院、人民法院以及社会和公民的监督。人民警察依法建立督察制度，对公安机关人民警察执行法律、法规、遵守纪律的情况进行监督。对于公安机关人民警察执法质量的监督，公安部颁布了一系列的规章加以规范，包括《公安机关执法质量考核评议规定》《公安机关内部执法监督工作规定》《公安机关人民警察执法过错责任追究规定》等。如果人民警察在执行职务中给公民或者组织的合法权益造成损害的，应当依照《国家赔偿法》和其他相关法律法规的规定给予赔偿。

目　录

中华人民共和国人民警察法

第三章 义务和纪律

第四章 组织管理

第八章　附　　则

实用核心法规

电子版增补法规（请扫封底“法规编辑部”二维码获取）

中华人民共和国人民警察法

（1995年2月28日第八届全国人民代表大会常务委员会第十二次会议通过　根据2012年10月26日第十一届全国人民代表大会常务委员会第二十九次会议《关于修改〈中华人民共和国人民警察法〉的决定》修正）

目　　录

第一章　总　　则

第一条　立法目的[①]

为了维护国家安全和社会治安秩序，保护公民的合法权益，加强人民警察的队伍建设，从严治警，提高人民警察的素质，保障人民警察依法行使职权，保障改革开放和社会主义现代化建设的顺利进行，根据宪法，制定本法。

---

① 条文主旨为编者所加，下同。

第二条 人民警察的任务和范围

人民警察的任务是维护国家安全，维护社会治安秩序，保护公民的人身安全、人身自由和合法财产，保护公共财产，预防、制止和惩治违法犯罪活动。

人民警察包括公安机关、国家安全机关、监狱、劳动教养管理机关的人民警察和人民法院、人民检察院的司法警察。

▶理解与适用

《刑法》[①] 分则第一章具体规定了危害国家安全的犯罪行为和处罚。包括背叛国家罪，分裂国家罪、煽动分裂国家罪，武装叛乱、暴乱罪，颠覆国家政权罪、煽动颠覆国家政权罪，资助危害国家安全犯罪活动罪，投敌叛变罪，叛逃罪，间谍罪，为境外窃取、刺探、收买、非法提供国家秘密、情报罪，资敌罪。

《治安管理处罚法》第 2 条规定，扰乱公共秩序，妨害公共安全，侵犯人身权利、财产权利，妨害社会管理，具有社会危害性，尚不够刑事处罚的，由公安机关给予治安管理处罚。

▶典型案例指引

何某诉成都市公安局某分局行政不作为案（四川省成都市中级人民法院行政判决书〔2004〕成行终字第 30 号）

案件适用要点：被上诉人某公安分局具有保护公民人身安全的职责，在主持民事纠纷当事人到派出所进行调解时，同样应当保护其人身安全。本案中，由于办案民警的疏忽，没有预见到上诉人何某与胡某某的亲属，在办公室没有民警在场的情况下，可能会发生过激行为，以致在民警离开后，上诉人与胡某某的亲属发生肢体冲突，导致上诉人在纠纷中受伤。该事件的发生并非不可预见，而是民警不完全履行保护人身安全职责所致，故被上诉人辩称系意外事件的理由不能成立。由于办案民警的调解行为系执行公务的行为，因此该不完全履行保护公民人身安全职责的法律后果应当由被上诉人承担。

---

① 为便于阅读，本书中相关法律文件标题中的“中华人民共和国”字样都予以省略。

第三条 基本要求和宗旨

人民警察必须依靠人民的支持，保持同人民的密切联系，倾听人民的意见和建议，接受人民的监督，维护人民的利益，全心全意为人民服务。

第四条 活动准则

人民警察必须以宪法和法律为活动准则，忠于职守，清正廉洁，纪律严明，服从命令，严格执法。

▶理解与适用

[公安纪律]

公安机关人民警察应当严格遵守《人民警察法》《公务员法》等法律法规关于公安机关人民警察纪律的规定。公安机关人民警察违法违纪，应当承担纪律责任的，依照《公安机关人民警察纪律条令》给予处分。法律、行政法规、国务院决定对公安机关人民警察处分另有规定的，从其规定。

第五条 依法执行公务受法律保护

人民警察依法执行职务，受法律保护。

第二章 职 权

第六条 公安机关人民警察的职责

公安机关的人民警察按照职责分工，依法履行下列职责：

（一）预防、制止和侦查违法犯罪活动；

（二）维护社会治安秩序，制止危害社会治安秩序的行为；

（三）维护交通安全和交通秩序，处理交通事故；

（四）组织、实施消防工作，实行消防监督；

（五）管理枪支弹药、管制刀具和易燃易爆、剧毒、放射性等危险物品；

（六）对法律、法规规定的特种行业进行管理；

（七）警卫国家规定的特定人员，守卫重要的场所和设施；

（八）管理集会、游行、示威活动；

（九）管理户政、国籍、入境出境事务和外国人在中国境内居留、旅行的有关事务；

（十）维护国（边）境地区的治安秩序；

（十一）对被判处拘役、剥夺政治权利的罪犯执行刑罚；

（十二）监督管理计算机信息系统的安全保护工作；

（十三）指导和监督国家机关、社会团体、企业事业组织和重点建设工程的治安保卫工作，指导治安保卫委员会等群众性组织的治安防范工作；

（十四）法律、法规规定的其他职责。

▶理解与适用

本条第14项所指的“法律”，是指全国人民代表大会及其常务委员会制定的法律。“法规”包括行政法规和地方性法规，行政法规是指由国务院根据宪法和法律制定的规范性文件；地方性法规是指省、自治区、直辖市人民代表大会及其常务委员会根据本行政区域的具体情况和实际需要，在不同宪法、法律、行政法规相抵触的前提下制定的规范性文件，以及设区的市的人民代表大会及其常务委员会在不同上位法相抵触的前提下，对城乡建设与管理、环境保护、历史文化保护等方面事项制定的规范性文件。

▶典型案例指引

谭某某等六人诉某县公安局行政不作为及赔偿案（广东省韶关市中级人民法院行政赔偿判决书〔2006〕韶中法行终字第30号）

案件适用要点：刑警陈某应当根据《人民警察法》第6条关于“公安机关的人民警察按照职责分工，依法履行下列职责：（1）预防、制止和侦查违法犯罪；（2）维护社会治安、制止危害社会治安秩序的行为”的规定、第19条关于“人民警察在非工作期间，遇有其职责范围内的紧急情况，应当履行职责”的规定以及第21条关于“人民警察遇到公民人身、财产安全受到侵犯或者处于其他危难情形，应当立即救助”的规定，履行维护社会治安、制止危害社会治安秩序、制止违法犯罪行为的法定职责。但是陈某坐视不管，放任李某、罗某二人被江某等十多人殴打致死，事后又任由江某等人逃离现场，显然是不履行法定职责的表现。

第七条 实施行政强制措施、行政处罚的权力

公安机关的人民警察对违反治安管理或者其他公安行政管理法律、法规的个人或者组织，依法可以实施行政强制措施、行政处罚。

▶理解与适用

[行政强制措施]

行政强制措施是指行政机关在实施行政管理的过程中，依法对公民人身自由进行暂时性限制，或者对公民、法人或者其他组织的财产实施暂时性控制的措施。

行政强制措施可分为以下两类：一是限制人身自由的行政强制措施，即在紧急状态下，对公民的人身自由依法加以限制的行政行为；二是限制财产流通的行政强制措施。我国现行限制人身自由的行政强制措施主要有传唤、讯问、强制隔离、强制戒毒、限期出境、强制遣返等。我国现行限制财产流通的行政强制措施主要有查封、扣押、冻结财产等。

[行政处罚]

行政处罚是指行政机关依法对违反行政管理秩序的公民、法人或者其他组织，以减损权益或者增加义务的方式予以惩戒的行为。

行政处罚的种类有：(1) 警告、通报批评；(2) 罚款、没收违法所得、没收非法财物；(3) 暂扣许可证件、降低资质等级、吊销许可证件；(4) 限制开展生产经营活动、责令停产停业、责令关闭、限制从业；(5) 行政拘留；(6) 法律、行政法规规定的其他行政处罚。《治安管理处罚法》规定的治安管理处罚的种类为：(1) 警告；(2) 罚款；(3) 行政拘留；(4) 吊销公安机关发放的许可证。对违反治安管理的外国人，可以附加适用限期出境或者驱逐出境。

［禁止人民警察实施行政强制措施和行政处罚时有以下违法行为］

人民警察应当依法实施行政强制措施、行政处罚，当出现下列行为之一的，应给予行政处分；构成犯罪的，依法追究刑事责任：(1) 刑讯逼供、体罚、虐待、侮辱他人的；(2) 超过询问查证的时间限制人身自由的；(3) 不执行罚款决定与罚款收缴分离制度或者不按规定将罚没的财物上缴国库或者依法处理的；(4) 私分、侵占、挪用、故意损毁收缴、扣押的财物的；(5) 违反规定使用或者不及时返还被侵害人财物的；(6) 违反规定不及时退还保证金的；(7) 利用职务上的便利收受他人财物或者谋取其他利益的；(8) 当场收缴罚款不出具罚款收据或者不如实填写罚款数额的；(9) 有徇私舞弊、滥用职权，不依法履行法定职责的其他情形的。办理治安案件的公安机关有前述行为的，对直接负责的主管人员和其他直接责任人员给予相应的行政处分。

▶条文参见

《治安管理处罚法》；《公安机关执行〈中华人民共和国治安管理处罚法〉有关问题的解释》；《公安机关执行〈中华人民共和国治安管理处罚法〉有关问题的解释（二）》；《行政处罚法》；《公安机关办理行政案件程序规定》第九章

第八条 强行带离现场、依法予以拘留的权力

公安机关的人民警察对严重危害社会治安秩序或者威胁公共安全的人员，可以强行带离现场、依法予以拘留或者采取法律规定的其他措施。

▶理解与适用

［不执行行政拘留的情形］

根据《公安机关办理行政案件程序规定》第164条的规定，违法行为人具有下列情形之一，依法应当给予行政拘留处罚的，应当作出处罚决定，但不送拘留所执行：(1) 已满十四周岁不满十六周岁的；(2) 已满十六周岁不满十八周岁，初次违反治安管理或者其他公安行政管理的。但是，曾被收容教养、被行政拘留依法不执行行政拘留或者曾因实施扰乱公共秩序，妨害公共安全，侵犯人身权

利、财产权利，妨害社会管理的行为被人民法院判决有罪的除外；(3) 七十周岁以上的；(4) 孕妇或者正在哺乳自己婴儿的妇女。

▶条文参见

《治安管理处罚法》第21条、第三章；《公安机关办理行政案件程序规定》第163、164条

第九条 盘问、检查的权力

为维护社会治安秩序，公安机关的人民警察对有违法犯罪嫌疑的人员，经出示相应证件，可以当场盘问、检查；经盘问、检查，有下列情形之一的，可以将其带至公安机关，经该公安机关批准，对其继续盘问：

（一）被指控有犯罪行为的；

（二）有现场作案嫌疑的；

（三）有作案嫌疑身份不明的；

（四）携带的物品有可能是赃物的。

对被盘问人的留置时间自带至公安机关之时起不超过24小时，在特殊情况下，经县级以上公安机关批准，可以延长至48小时，并应当留有盘问记录。对于批准继续盘问的，应当立即通知其家属或者其所在单位。对于不批准继续盘问的，应当立即释放被盘问人。

经继续盘问，公安机关认为对被盘问人需要依法采取拘留或者其他强制措施的，应当在前款规定的期间作出决定；在前款规定的期间不能作出上述决定的，应当立即释放被盘问人。

▶理解与适用

[继续盘问]

继续盘问是指公安机关的人民警察为了维护社会治安秩序，对有违法犯罪嫌疑的人员当场盘问、检查后，发现具有法定情形而将其带至公安机关继续进行盘问的措施。“有违法犯罪嫌疑的人员”既包括中国公民（含港澳台居民），也包括不享有外交特权的外国人和无国籍人。它是法律赋予公安机关审查有违法犯罪嫌疑人员的一项强制性措施，实践中被称为“留置”。

实施继续盘问，时限一般应控制在12小时；对在12小时以内确

实难以证实或者排除其违法犯罪嫌疑的，可以延长至24小时；对不讲真实姓名、住址、身份，且在24小时以内仍不能证实或者排除其违法犯罪嫌疑的，可以延长至48小时。该时限自有违法犯罪嫌疑的人员被带至公安机关之时起，至被盘问人可以自由离开公安机关之时或者被决定刑事拘留、逮捕、行政拘留、收容教育、强制戒毒而移交有关监管场所执行之时止，包括呈报和审批继续盘问、延长继续盘问时间、处理决定的时间。

[禁止人民警察实施继续盘问过程中有以下违法行为]

公安机关应在本条规定的适用范围和时限内适用继续盘问，禁止：(1) 超适用范围继续盘问；(2) 超时限继续盘问；(3) 适用继续盘问不履行审批、登记手续；(4) 以继续盘问代替处罚；(5) 将继续盘问作为催要罚款、收费的手段；(6) 批准继续盘问后不立即对有违法犯罪嫌疑的人员继续进行盘问；(7) 以连续继续盘问的方式变相拘禁他人。

在继续盘问期间，公安机关及其人民警察应当依法保障被盘问人的合法权益，严禁：(1) 对被盘问人进行刑讯逼供；(2) 殴打、体罚、虐待、侮辱被盘问人；(3) 敲诈勒索或者索取、收受贿赂；(4) 侵吞、挪用、损毁被盘问人的财物；(5) 违反规定收费或者实施处罚；(6) 其他侵犯被盘问人合法权益的行为。

对在继续盘问中发现被盘问人不具有本条规定的适用继续盘问条件的，或者已经证实其有违法犯罪行为的，或者有证据证明其有犯罪嫌疑的，应当立即终止继续盘问，并立即释放被盘问人或者依法作出处理决定。对经过继续盘问已经排除违法犯罪嫌疑，或者经过批准的继续盘问、延长继续盘问时限届满，尚不能证实其违法犯罪嫌疑的，应当立即释放被盘问人。

[在哪些情形下不得适用继续盘问?]

对具有下列情形之一的人员，不得适用继续盘问：(1) 有违反治安管理或者犯罪嫌疑，但未经当场盘问、检查的；(2) 经过当场盘问、检查，已经排除违反治安管理和犯罪嫌疑的；(3) 涉嫌违反治安管理行为的法定最高处罚为警告、罚款或者其他非限制人身自由的行政处罚的；(4) 从其住处、工作地点抓获以及其他应当依法直接适用传唤或者拘传的；(5) 已经到公安机关投案自首的；(6) 明知其所涉案件已经作为治安案件受理或者已经立为刑事案件的；(7) 不属于公安机关管辖的案件或者事件当事人的；（8）患有精神病、急性传染病或者其他严重疾病的；(9) 其他不符合规定条件的。

[对不满16周岁的未成年人、怀孕或正哺乳自己不满1周岁婴儿的妇女以及已满70周岁的老年人适用继续盘问时，应当遵守什么规定?]

对应当继续盘问的不满16周岁的未成年人、怀孕或者正在哺乳自己不满1周岁婴儿的妇女以及已满70周岁的老年人，必须在其被带至公安机关之时起的4小时以内盘问完毕，且不得将其送入候问室。如果在晚上9点至次日早上7点之间释放的，应当通知其家属或者监护人领回；对身份不明或者没有家属和监护人而无法通知的，应当护送至其住地。

[被盘问人在继续盘问期间突患疾病或者受伤的，公安机关应如何处理?]

对在继续盘问期间突患疾病或者受伤的被盘问人，公安派出所应当立即采取措施予以救治，通知其家属或者单位，并向县、市、旗公安局或者城市公安分局负责人报告，做好详细记录。对被盘问人身份不明或者没有家属和单位而无法通知的，应当在《继续盘问登记表》上注明。救治费由被盘问人或者其家属承担。但是，由于公安机关或者他人的过错导致被盘问人患病、受伤的，救治费由有过错的一方承担。

[被盘问人在继续盘问期间死亡的，公安机关应如何处理?]

被盘问人在继续盘问期间死亡的，公安派出所应当做好以下工作：(1) 保护好现场，保管好尸体；（2）立即报告所属县、市、旗公安局或者城市公安分局的主管负责人或者值班负责人、警务督察部门和主管公安派出所工作的部门；（3）立即通知被盘问人的家属或者单位。

县、市、旗公安局或者城市公安分局接到被盘问人死亡的报告后，应当做好以下工作：(1) 立即通报同级人民检察院；（2）在24小时以内委托具有鉴定资格的人员进行死因鉴定；（3）在作出鉴定结论后3日以内将鉴定结论送达被盘问人的家属或者单位。对被盘问人身份不明或者没有家属和单位而无法通知的，应当在鉴定结论上注明。被盘问人的家属或者单位对鉴定结论不服的，可以在收到鉴定结论后的7日以内向上一级公安机关申请重新鉴定。上一级公安机关接到申请后，应当在3日以内另行委托具有鉴定资格的人员进行重新鉴定。

▶典型案例指引

1. 傅某与重庆市公安局某区分局等行政强制措施违法纠纷上诉案（重庆市第一中级人民法院行政判决书〔2008〕渝一中法行终字第19号）

案件适用要点：本案上诉人某区烟草专卖局和某区公安分局出示的举报信息等证据材料只能证实有人举报上诉人傅某与嫌疑人陈某同在鸿兴大厦楼下的黄桷树下，并不能证实上诉人傅某有违法犯罪嫌疑。在无证据证实上诉人傅某有违法犯罪嫌疑的情形下，上诉人某区公安分局强行将上诉人傅某带至违法犯罪嫌疑人假烟窝点所在的某大厦二楼20号房间，违反了《人民警察法》第9条的规定，侵犯了上诉人傅某的人身权，某区公安分局与某区烟草专卖局共同限制傅某人身自由的行政强制措施违法。

2. 郭某诉泉州市公安局某分局行政侵权赔偿案（福建省泉州市泉港区人民法院行政赔偿判决书〔2003〕港行初字第3号）

案件适用要点：本案被告泉州市公安局某分局根据网上追逃信息和特情耳目的举报，对有犯罪嫌疑的原告进行留置审查，符合《人民警察法》第9条规定的盘问留置条件和情形，但对原告限制人身自由延长至48小时继续盘问，未经审批，违反了《人民警察法》第9条的规定。因此，应认定被告对原告继续盘问24小时的限制人身自由的行政行为适用程序违法。鉴于被告侵犯原告人身权的强制措施已实施完毕，该具体行政行为不具有可撤销的内容，故应确认被告对原告所采取的继续盘问限制人身自由的具体行政行为违法。原告因此有取得赔偿的权利。

▶条文参见

《公安机关适用继续盘问规定》

第十条　紧急情况下使用武器的权力

遇有拒捕、暴乱、越狱、抢夺枪支或者其他暴力行为的紧急情况，公安机关的人民警察依照国家有关规定可以使用武器。

▶**理解与适用**

根据《人民警察使用警械和武器条例》的规定，武器是指人民警察按照规定装备的枪支、弹药等致命性警用武器。人民警察违法使用武器造成不应有的人员伤亡、财产损失，构成犯罪的，依法追究刑事责任；尚不构成犯罪的，依法给予行政处分；对受到伤亡或财产损失的人员，由该人民警察所属机关依照《国家赔偿法》的有关规定给予赔偿，依法使用武器造成无辜人员伤亡或者财产损失的也应依法给予赔偿。

[人民警察在哪些情况下可以使用武器?]

人民警察判明有下列暴力犯罪行为的紧急情形之一，经警告无效的，可以使用武器：(1) 放火、决水、爆炸等严重危害公共安全的；(2) 劫持航空器、船舰、火车、机动车或者驾驶车、船等机动交通工具，故意危害公共安全的；(3) 抢夺、抢劫枪支弹药、爆炸、剧毒等危险物品，严重危害公共安全的；(4) 使用枪支、爆炸、剧毒等危险物品实施犯罪或者以使用枪支、爆炸、剧毒等危险物品相威胁实施犯罪的；(5) 破坏军事、通讯、交通、能源、防险等重要设施，足以对公共安全造成严重、紧迫危险的；(6) 实施凶杀、劫持人质等暴力行为，危及公民生命安全的；(7) 国家规定的警卫、守卫、警戒的对象和目标受到暴力袭击、破坏或者有受到暴力袭击、破坏的紧迫危险的；(8) 结伙抢劫或者持械抢劫公私财物的；(9) 聚众械斗，暴乱等严重破坏社会治安秩序，用其他方法不能制止的；(10) 以暴力方法抗拒或者阻碍人民警察依法履行职责或者暴力袭击人民警察，危及人民警察生命安全的；(11) 在押人犯、罪犯聚众骚乱、暴乱、行凶或者脱逃的；(12) 劫夺在押人犯、罪犯的；(13) 实施放火、决水、爆炸、凶杀、抢劫或者其他严重暴力犯罪行为后拒捕、逃跑的；(14) 犯罪分子携带枪支、爆炸、剧毒等危险物品拒捕、逃跑的；(15) 法律、行政法规规定可以使用武器的其他情形。人民警察依照上述规定使用武器，来不及警告或者警告后可能导致更为严重危害后果的，可以直接使用武器。

[什么情况下人民警察不得使用枪支等武器?]

在下列情形下人民警察不得使用武器：(1) 发现实施犯罪的人为怀孕妇女、儿童的，但是使用枪支、爆炸、剧毒等危险物品实施暴力犯罪的除外；(2) 犯罪分子处于群众聚集的场所或者存放大量易燃、易爆、剧毒、放射性等危险物品的场所的，但是不使用武器予以制止，将发生更为严重危害后果的除外；(3) 处理一般治安案件、群众上访事件和调解民事纠纷；(4) 在巡逻、盘查可疑人员未遇暴力抗拒和暴力袭击时；(5) 从事大型集会保卫工作；(6) 在疏导通路交通和查处交通违章时；(7) 与他人发生个人纠纷时；(8) 使用枪支可能引起严重后果时。

[人民警察遇有什么情形时，应当立即停止使用武器?]

当犯罪分子停止实施犯罪，服从人民警察命令时；或者犯罪分子失去继续实施犯罪能力时，人民警察应当立即停止使用武器。

▶条文参见

《人民警察使用警械和武器条例》第 9 – 15 条；《公安机关人民警察执法过错责任追究规定》第 6 条第 11 项、第 7 – 24 条；《国家赔偿法》；《公安部关于贯彻执行国家赔偿法有关问题的通知》

第十一条　对严重违法犯罪活动使用警械的权力

为制止严重违法犯罪活动的需要，公安机关的人民警察依照国家有关规定可以使用警械。

▶理解与适用

根据《人民警察使用警械和武器条例》的规定，警械是指人民警察按照规定装备的警棍、催泪弹、高压水枪、特种防暴枪、手铐、脚镣、警绳等警用器械。办理未成年人犯罪案件不得使用警械，但确有行凶、逃跑、自杀、自伤、自残等现实危险的除外。人民警察违法使用警械造成不应有的人员伤亡、财产损失，构成犯罪的，依法追究刑事责任；尚不构成犯罪的，依法给予行政处分；对受到伤亡或财产损失的人员，由该人民警察所属机关依照《国家赔偿法》的有关规定给予赔偿，依法使用警械造成无辜人员伤亡或者财产损失的也应依法给予赔偿。

[什么情形下人民警察可以使用警棍、催泪弹、高压水枪、特种防暴枪等驱逐性、制服性警械?]

人民警察遇有下列情形之一，经警告无效的，可以使用驱逐性、制服性警械：(1) 结伙斗殴、殴打他人、寻衅滋事、侮辱妇女或者进行其他流氓活动的；(2) 聚众扰乱车站、码头、民用航空站、运动场等公共场所秩序的；(3) 非法举行集会、游行、示威的；(4) 强行冲越人民警察为履行职责设置的警戒线的；(5) 以暴力方法抗拒或者阻碍人民警察依法履行职责的；(6) 袭击人民警察的；(7) 危害公共安全、社会秩序和公民人身安全的其他行为，需要当场制止的；(8) 法律、行政法规规定可以使用警械的其他情形。

人民警察依照规定使用驱逐性、制服性警械时，应当以制止违法犯罪行为为限度；当违法犯罪行为得到制止时，应当立即停止使用。

[什么情形下人民警察可以使用手铐、脚镣、警绳等约束性警械?]

根据《人民警察使用警械和武器条例》第 8 条的规定，人民警察依法执行下列任务，遇有违法犯罪分子可能脱逃、行凶、自杀、自伤或者有其他危险行为的，可以使用约束性警械：(1) 抓获违法犯罪分子或者犯罪重大嫌疑人的；(2) 执行逮捕、拘留、看押、押解、审讯、拘传、强制传唤的；(3) 法律、行政法规规定可以使用警械的其他情形。人民警察依照规定使用约束性警械的，不得故意造成人身伤害。

根据 2020 年 7 月 20 日修订的《公安机关办理刑事案件程序规定》第 157 条的规定，对犯罪嫌疑人执行拘传、拘留、逮捕、押解过程中，应当依法使用约束性警械，而不是“可以”使用。

▶条文参见

本法第 49 条；《人民警察使用警械和武器条例》第 7、8、14、15 条；《公安机关办理刑事案件程序规定》第 157 条；《公安机关人民警察执法过错责任追究规定》第 6 条第 11 项、第 7－24 条；《国家赔偿法》；《公安部关于贯彻执行国家赔偿法有关问题的通知》

第十二条　刑事强制措施

为侦查犯罪活动的需要，公安机关的人民警察可以依法执行拘留、搜查、逮捕或者其他强制措施。

▶**理解与适用**

[刑事诉讼中的强制措施]

刑事诉讼中的强制措施，是指公安机关、人民检察院和人民法院为了保证刑事诉讼的顺利进行，而依法对刑事案件的犯罪嫌疑人、被告人的人身自由采取限制或剥夺的各种强制性方法。我国刑事诉讼中的强制措施包括：拘传、取保候审、监视居住、拘留、逮捕。

[拘传]

拘传是指公安机关、人民检察院和人民法院强制犯罪嫌疑人、被告人到案接受讯问的一种强制措施。

根据《刑事诉讼法》第117条的规定，对不需要逮捕、拘留的犯罪嫌疑人，可以传唤到犯罪嫌疑人所在市、县内的指定地点或者到他的住处进行讯问，但是应当出示人民检察院或者公安机关的证明文件。对在现场发现的犯罪嫌疑人，经出示工作证件，可以口头传唤，但应当在讯问笔录中注明。传唤、拘传持续的时间不得超过十二小时；案情特别重大、复杂，需要采取拘留、逮捕措施的，经县级以上公安机关负责人批准，传唤、拘传持续的时间不得超过二十四小时。不得以连续传唤、拘传的形式变相拘禁犯罪嫌疑人。传唤、拘传犯罪嫌疑人，应当保证犯罪嫌疑人的饮食和必要的休息时间。拘传期限届满，未作出采取其他强制措施决定的，应当立即结束拘传。

[取保候审和监视居住]

取保候审是指公安机关、人民检察院和人民法院对符合一定条件的犯罪嫌疑人、被告人责令其提出保证人或交纳保证金，保证其不逃避侦查和审判，并随传随到的一种强制措施。

监视居住是指公安机关、人民检察院和人民法院依法限令犯罪嫌疑人、被告人不得离开住处或指定的居所，并限制其行动的一种强制措施。

根据《刑事诉讼法》第67条的规定，人民法院、人民检察院和公安机关对有下列情形之一的犯罪嫌疑人、被告人，可以取保候审：(1) 可能判处管制、拘役或者独立适用附加刑的；(2) 可能判处有期徒刑以上刑罚，采取取保候审不致发生社会危险性的；(3) 患有严重疾病、生活不能自理，怀孕或者正在哺乳自己婴儿的妇女，采取取保候审不致发生社会危险性的；(4) 羁押期限届满，案件尚未办结，需要采取取保候审的。取保候审由公安机关执行。根据《公安机关办理刑事案件程序规定》第 81 条第 2 款的规定，对拘留的犯罪嫌疑人，证据不符合逮捕条件，以及提请逮捕后，人民检察院不批准逮捕，需要继续侦查，并且符合取保候审条件的，可以依法取保候审。

根据《刑事诉讼法》第 74 条的规定，人民法院、人民检察院和公安机关对符合逮捕条件，有下列情形之一的犯罪嫌疑人、被告人，可以监视居住：(1) 患有严重疾病、生活不能自理的；(2) 怀孕或者正在哺乳自己婴儿的妇女；(3) 系生活不能自理的人的唯一扶养人；(4) 因为案件的特殊情况或者办理案件的需要，采取监视居住措施更为适宜的；(5) 羁押期限届满，案件尚未办结，需要采取监视居住措施的。对符合取保候审条件，但犯罪嫌疑人、被告人不能提出保证人，也不交纳保证金的，可以监视居住。监视居住由公安机关执行。根据《公安机关办理刑事案件程序规定》第 109 条第 2、3、4 款的规定，对人民检察院决定不批准逮捕的犯罪嫌疑人，需要继续侦查，并且符合监视居住条件的，可以监视居住。对于符合取保候审条件，但犯罪嫌疑人不能提出保证人，也不交纳保证金的，可以监视居住。对于被取保候审人违反该规定第 89 条、第 90 条规定的，可以监视居住。

根据《刑事诉讼法》第 79 条的规定，人民法院、人民检察院和公安机关对犯罪嫌疑人、被告人取保候审最长不得超过十二个月，监视居住最长不得超过六个月。在取保候审、监视居住期间，不得中断对案件的侦查、起诉和审理。对于发现不应当追究刑事责任或者取保候审、监视居住期限届满的，应当及时解除取保候审、监视居住。解除取保候审、监视居住，应当及时通知被取保候审、监视居住人和有关单位。

[拘留]

拘留是指公安机关、人民检察院对现行犯或重大嫌疑分子，在法定的紧急情况下，临时采取的限制其人身自由的一种强制措施。

根据《刑事诉讼法》第 82 条的规定，公安机关对于现行犯或者重大嫌疑分子，如果有下列情形之一的，可以先行拘留：(1) 正在预备犯罪、实行犯罪或者在犯罪后即时被发觉的；(2) 被害人或者在场亲眼看见的人指认他犯罪的；(3) 在身边或者住处发现有犯罪证据的；(4) 犯罪后企图自杀、逃跑或者在逃的；(5) 有毁灭、伪造证据或者串供可能的；(6) 不讲真实姓名、住址，身份不明的；(7) 有流窜作案、多次作案、结伙作案重大嫌疑的。

[逮捕]

逮捕是指公安机关、人民检察院和人民法院，为了防止犯罪嫌疑人或者被告人实施妨碍刑事诉讼的行为，逃避侦查、起诉、审判或者发生社会危险性，而依法暂时剥夺其人身自由的一种强制措施。

根据《刑事诉讼法》第 81 条的规定，对有证据证明有犯罪事实，可能判处徒刑以上刑罚的犯罪嫌疑人、被告人，采取取保候审尚不足以防止发生下列社会危险性的，应当予以逮捕：(1) 可能实施新的犯罪的；(2) 有危害国家安全、公共安全或者社会秩序的现实危险的；(3) 可能毁灭、伪造证据，干扰证人作证或者串供的；(4) 可能对被害人、举报人、控告人实施打击报复的；(5) 企图自杀或者逃跑的。批准或者决定逮捕，应当将犯罪嫌疑人、被告人涉嫌犯罪的性质、情节，认罪认罚等情况，作为是否可能发生社会危险性的考虑因素。对有证据证明有犯罪事实，可能判处十年有期徒刑以上刑罚的，或者有证据证明有犯罪事实，可能判处徒刑以上刑罚，曾经故意犯罪或者身份不明的，应当予以逮捕。被取保候审、监视居住的犯罪嫌疑人、被告人违反取保候审、监视居住规定，情节严重的，可以予以逮捕。

[其他侦查措施]

公安机关侦查犯罪过程中，还可依法采用各种侦查手段和措施，主要有：讯问犯罪嫌疑人，询问证人、被害人，勘验、检查，搜查，扣押物证、书证，查询、冻结存款、汇款，鉴定，辨认，通缉等。

▶条文参见

《刑事诉讼法》第六章；《公安机关办理刑事案件程序规定》第六章；《最高人民检察院、公安部关于适用刑事强制措施有关问题的规定》；《最高人民法院、最高人民检察院、公安部、国家安全部关于取保候审若干问题的规定》；《最高人民检察院、公安部关于依法适用逮捕措施有关问题的规定》

第十三条 优先通行权

公安机关的人民警察因履行职责的紧急需要，经出示相应证件，可以优先乘坐公共交通工具，遇交通阻碍时，优先通行。

公安机关因侦查犯罪的需要，必要时，按照国家有关规定，可以优先使用机关、团体、企业事业组织和个人的交通工具、通信工具、场地和建筑物，用后应当及时归还，并支付适当费用；造成损失的，应当赔偿。

▶理解与适用

本条规定公安机关的人民警察在执行紧急任务时的优先乘坐权、优先通行权和优先使用权。

人民警察因履行职责的紧急需要，在出示相应证件，如人民警察证等证件后，可以优先乘坐公共交通工具，遇交通阻碍时，可优先通行。另外，根据《警车管理规定》，警车在执行紧急任务使用警用标志灯具、警报器时，也享有优先通行权；警车及其护卫的车队，在确保安全的原则下，可以不受行驶路线、行驶方向、行驶速度和交通信号灯、交通标志标线的限制。遇使用警用标志灯具、警报器的警车及其护卫的车队，其他车辆和人员应当立即避让；交通警察在保证交通安全的前提下，应当提供优先通行的便利。

本条规定了公安机关在侦查犯罪时的优先使用权。另外，根据《戒严法》第 17 条的规定，在非常紧急的情况下，执行戒严任务的人民警察、人民武装警察、人民解放军的现场指挥员可以直接决定临时征用，地方人民政府应当给予协助。临时征用物在使用完毕后应及时归还。造成损失的，应当给予相应补偿。

[警车在执行什么任务时可以使用警用标志灯具、警报器，享有优先通行权?]

警车在执行下列任务时可以使用警用标志灯具、警报器：(1) 赶赴刑事案件、治安案件、交通事故及其他突发事件现场；(2) 追捕犯罪嫌疑人和在逃的罪犯；(3) 追缉交通肇事逃逸车辆和人员；(4) 押解犯罪嫌疑人、罪犯；(5) 执行警卫、警戒和治安、交通巡逻等任务。任务紧急使用警用标志灯具、警报器时，享有优先通行权；警车及其护卫的车队，在确保安全的原则下，可以不受行驶路线、行驶方向、行驶速度和交通信号灯、交通标志标线的限制。但是非执行紧急任务时，不得使用警报器、标志灯具，也不享有道路优先通行权。

▶条文参见

《道路交通安全法》第53条；《警车管理规定》第16－18条

第十四条　对精神病人采取保护性约束措施的权力

公安机关的人民警察对严重危害公共安全或者他人人身安全的精神病人，可以采取保护性约束措施。需要送往指定的单位、场所加以监护的，应当报请县级以上人民政府公安机关批准，并及时通知其监护人。

▶理解与适用

本条规定了对严重危害公共安全或者他人人身安全的精神病人可以采取保护性约束措施。另外根据《治安管理处罚法》第15条的规定，醉酒的人在醉酒状态中，对本人有危险或者对他人的人身、财产或者公共安全有威胁的，应当对其采取保护性措施约束至酒醒。

▶典型案例指引

蔡某诉某市公安局行政强制措施并要求赔偿案（江苏省南通市中级人民法院行政赔偿判决书〔2003〕通中行终字第111号）

案件适用要点：本案被上诉人江苏省某市公安局的工作人员在事发现场根据上诉人蔡某当时的行为表现及在此之前的举动，认定上诉人的行为违反了治安管理秩序并构成相当程度的社会危害，且判断上诉人的精神状况异常。在此情形下，被上诉人果断采取即时强制措施对上诉人进行约束并送往精神病医院进行诊治。被上诉人的上述行为不仅依法有据，且确为事发现场所需要。在此之后的医院诊断及对上诉人的精神鉴定意见也有力地证明了被上诉人当时所采取的措施合法、合理。

▶条文参见

《治安管理处罚法》第15条

第十五条 交通管制权

县级以上人民政府公安机关，为预防和制止严重危害社会治安秩序的行为，可以在一定的区域和时间，限制人员、车辆的通行或者停留，必要时可以实行交通管制。

公安机关的人民警察依照前款规定，可以采取相应的交通管制措施。

▶理解与适用

交通管制是公安机关交通管理部门根据相关法律、法规的规定，对车辆和行人在道路上通行以及其他与交通有关的活动所实施的带有疏导、禁止、限制或指示性质的行为。一般是在集会游行、大型群众性活动、道路桥梁建设、救灾抢险、执行重要警卫任务等情况下对交通行为实行限制，主要是临时性的。实行交通管制后，市民应该遵守管制通告，积极配合交警部门的工作。

实施交通管制一般采取以下措施：(1) 封闭现场和相关地区；(2) 设置警戒线，划定警戒区域；(3) 控制现场制高点；(4) 控制区域性交通管制；(5) 查验现场人员身份证件，盘查嫌疑人员；(6) 禁止集会、游行、示威等活动；(7) 责令围观人员立即离开现场，聚集的人群立即解散；(8) 对不听警告和命令、拒不离开现场的人依法使用警棍、催泪弹、高压水枪等必要的非杀伤性警械强行驱散；(9) 对经强行驱散仍不离去的人员，可以强行带离现场或者立即予以拘留；(10) 对现场的嫌疑人员及其所带物品，可以进行搜查、检查，对非法携带的武器、管制刀具、标语、传单等物品，予以收缴。

第十六条 公安机关采取技术侦察措施的职权

公安机关因侦查犯罪的需要，根据国家有关规定，经过严格的批准手续，可以采取技术侦察措施。

▶理解与适用

这里的技术侦察措施，主要指侦查机关运用技术装备调查作案人和案件证据的一种秘密侦察措施，包括电子监听（俗称窃听）、秘密录像、秘密拍照、用机器设备排查、传送个人情况数据以及用机器设备对比数据等手段。

▶条文参见

《刑事诉讼法》第150－154条；《公安机关办理刑事案件程序规定》第八章第十节

第十七条 突发事件现场管制权

县级以上人民政府公安机关，经上级公安机关和同级人民政府批准，对严重危害社会治安秩序的突发事件，可以根据情况实行现场管制。

公安机关的人民警察依照前款规定，可以采取必要手段强行驱散，并对拒不服从的人员强行带离现场或者立即予以拘留。

▶理解与适用

根据《突发事件应对法》第50条的规定，社会安全事件发生后，组织处置工作的人民政府应当立即组织有关部门并由公安机关针对事件的性质和特点，依照有关法律、行政法规和国家其他有关规定，采取下列一项或者多项应急处置措施：(1) 强制隔离使用器械相互对抗或者以暴力行为参与冲突的当事人，妥善解决现场纠纷和争端，控制事态发展；(2) 对特定区域内的建筑物、交通工具、设备、设施以及燃料、燃气、电力、水的供应进行控制；(3) 封锁有关场所、道路，查验现场人员的身份证件，限制有关公共场所内的活动；(4) 加强对易受冲击的核心机关和单位的警卫，在国家机关、军事机关、国家通讯社、广播电台、电视台、外国驻华使领馆等单位附近设置临时警戒线；(5) 法律、行政法规和国务院规定的其他必要措施。

严重危害社会治安秩序的事件发生时，公安机关应当立即依法出动警力，根据现场情况依法采取相应的强制性措施，尽快使社会秩序恢复正常。

▶条文参见

《突发事件应对法》第50条

第十八条 其他机关警察的职权

国家安全机关、监狱、劳动教养管理机关的人民警察和人民法院、人民检察院的司法警察，分别依照有关法律、行政法规的规定履行职权。

第十九条 非工作时间遇有紧急情况应履行职责

人民警察在非工作时间，遇有其职责范围内的紧急情况，应当履行职责。

▶理解与适用

本条是关于人民警察在非工作时间遇有紧急情况时应履行职责的规定。实施的主体是所有的人民警察，而不仅限于公安机关的人民警察；“职责范围”为各警种具体的工作范围，且为“紧急情况”。本条规定指出人民警察在遇到职责范围内的紧急情况时，即使不是在工作时间内也应当履行职责，这样规定一方面可以杜绝借口不在工作时间内而逃避履行职责的现象；另一方面也确认了人民警察在非工作时间对紧急情况履行职责的合法性。

第三章 义务和纪律

第二十条 基本义务

人民警察必须做到：

（一）秉公执法，办事公道；

（二）模范遵守社会公德；

（三）礼貌待人，文明执勤；

（四）尊重人民群众的风俗习惯。

第二十一条 救助义务

人民警察遇到公民人身、财产安全受到侵犯或者处于其他危难情形，应当立即救助；对公民提出解决纠纷的要求，应当给予帮助；对公民的报警案件，应当及时查处。

人民警察应当积极参加抢险救灾和社会公益工作。

►理解与适用

[治安调解]

对于公民提出的解决纠纷的要求，人民警察可以对其进行治安调解。

治安调解是指对于因民间纠纷引起的违反治安管理、情节较轻的治安案件，在公安机关的主持下，以国家法律、法规和规章为依据，在查清事实、分清责任的基础上，劝说、教育并促使双方交换意见，达成协议，对治安案件做出处理的活动。民间纠纷是指公民之间、公民和单位之间，在生活、工作、生产经营等活动中产生的纠纷。违反治安管理的行为包括殴打他人、故意伤害、侮辱、诽谤、诬告陷害、故意损毁财物、干扰他人正常生活、侵犯隐私等行为。对不构成违反治安管理行为的民间纠纷，应当告知当事人向人民法院或者人民调解组织申请处理。

[不适用治安调解的情形]

违反治安管理有下列情形之一的，不适用治安调解：(1) 雇凶伤害他人的；(2) 结伙斗殴的；(3) 寻衅滋事的；(4) 多次实施违反治安管理行为的；(5) 当事人在治安调解过程中又针对对方实施违反治安管理行为的；(6) 当事人明确表示不愿意调解处理的；(7) 调解过程中，违法嫌疑人逃跑的；(8) 其他不宜治安调解的。

[治安调解应当遵循的原则]

治安调解应遵循以下原则：(1) 合法原则。治安调解应当按照法律规定的程序进行，双方当事人达成的协议必须符合法律规定。(2) 公正原则。治安调解应当分清责任，实事求是地提出调解意见，不得偏袒一方。(3) 公开原则。治安调解应当公开进行，涉及国家机密、商业秘密或者个人隐私，以及双方当事人都要求不公开的除外。(4) 自愿原则。治安调解应当在当事人双方自愿的基础上进行。被侵害人可以自己参加调解，也可以委托他人参加，但应当向公安机关提交委托书并注明委托权限。达成协议的内容，必须是双方当事人真实意思表示。(5) 及时原则。治安调解应当及时进行，使当事人尽快达成协议，解决纠纷。对明显不构成轻伤、不需要伤情鉴定以及损毁财物价值不大，不需要进行价值认定的治安案件，应当在受理案件后的3个工作日内完成调解；对需要伤情鉴定或者价值认定的治安案件，应当在伤情鉴定文书和价值认定结论出具后的3个工作日内完成调解。对一次调解不成，有必要再次调解的，应当在第一次调解后的7个工作日内完成。治安调解不成应当在法定的办案期限内及时依法处罚，不得久拖不决。(6) 教育原则。治安调解应当通过查清事实，讲明道理，指出当事人的错误和违法之处，教育当事人自觉守法并通过合法途径解决纠纷。

[及时查处报警案件]

根据《110接处警工作规则》规定，城市和县（旗）公安局指挥中心应设立110报警服务台，负责全天24小时受理公众紧急电话报警、求助和对公安机关及其人民警察现时发生的违法违纪或者失职行为的投诉。110报警服务台对接报的案（事）件，应当根据警情的性质、事态规模、紧急程度迅速处置；在应对紧急求助时，应当积极参加应急处置工作，并配合有关部门充分履行职责，为社会提供服务，对不属于职责范围内的可能危及公共安全、人身或财产安全的紧急求助也应当派警进行先期处置并给予必要的协助。《公安派出所执法执勤工作规范》规定公安派出所民警在处理案（事）件时，应当做到接到出警指令后，在城市5分钟内到达现场，在农村以最快的速度到达现场。对于公民110报警，公安机关应当出警却没有出警的，根据《行政诉讼法》和《国家赔偿法》的相关规定，公民有权请求赔偿。

[110报警服务台的受案范围]

(1) 110报警服务台受理报警的范围是：①刑事案件；②治安案（事）件；③危及人身、财产安全或者社会治安秩序的群体性事件；④自然灾害、治安灾害事故；⑤其他需要公安机关处置的与违法犯罪有关的报警。

(2) 110报警服务台受理求助的范围：①发生溺水、坠楼、自杀等状况，需要公安机关紧急救助的；②老人、儿童以及智障人员、精神疾病患者等人员走失，需要公安机关在一定范围内帮助查找的；③公众遇到危难，处于孤立无援状况，需要立即救助的；④涉及水、电、气、热等公共设施出现险情，威胁公共安全、人身或者财产安全和工作、学习、生活秩序，需要公安机关先期紧急处置的；⑤需要公安机关处理的其他紧急求助事项。另外，根据《关于预防和制止家庭暴力的若干意见》，家庭暴力报警也被纳入“110”出警工作范围。

(3) 110报警服务台受理投诉的范围：公安机关及其人民警察正在发生的违反《人民警察法》《公安机关督察条例》等法律、法规和人民警察各项纪律规定，违法行使职权，不履行法定职责，不遵守各项执法、服务、组织、管理制度和职业道德的各种行为。

▶典型案例指引

1. 尹某某诉某县公安局110报警不作为行政赔偿案（《中华人民共和国最高人民法院公报》2003年第2期）

案件适用要点：依法及时查处危害社会治安的各种违法犯罪活动，保护公民的合法财产，是公安机关的法律职责。被告某县公安局在本案中，两次接到群众报警后，都没有按规定立即派出人员到现场对正在发生的盗窃犯罪进行查处，不履行应该履行的法律职责，其不作为的行为是违法的。该不作为行为相对原告的财产安全来说，是具体的行政行为，某县公安局没有及时依法履行查处犯罪活动的职责，使原告有可能避免的财产损失没能得以避免，故应对盗窃犯罪造成的财产损失承担相应的赔偿责任。

2. 郑某某等诉某县公安局行政不作为案（广东省清远市中级人民法院行政判决书〔2005〕清中法行终字第48号）

案件适用要点：被上诉人某县公安局“110指挥中心”接到报警后，及时向下属某镇派出所下达出警令，某镇派出所接到指挥中心的指令和当事人的报警后，认为该案是民事纠纷引起的群体性械斗事件，涉及的人数多、政策性强，需要慎重处理，便及时向当地党委政府汇报和求援，得到指示和答复后，便及时出警，整个过程均不存在不作为的情况，虽然警察到达案发现场的时间长了点，但按照公安部制定的《公安派出所执法执勤工作规范》第55条第1项规定："接到出警指令后，在城市5分钟内到达现场，在农村以最快速度到达现场。"此规定并没有对农村现场到达时间作出规定，故上诉人提出被上诉人某县公安局不作为，要求赔偿理由不充分，法院不予支持。

3. 某县公安局与王某等侵犯人身权行政赔偿上诉案（山东省东营市中级人民法院行政赔偿判决书〔2004〕东行终字第22号）

案件适用要点：上诉人某县公安局在对本案受害人传讯后，对处于危难状态的受害人没有实施救助，该行为已被山东省东营市中级人民法院〔2004〕东行终字第21号行政判决认定为违法，上诉人某县公安局未履行救助义务应当承担相应的责任。考虑到受害人自身大脑中动脉动静脉型血管畸形的特殊体质和情绪激动作为引起畸形脑血管破裂而出血死亡的原因之一，以及受害人亲属也有拖延治疗情形等因素，被上诉人一方也应对受害人的死亡承担部分责任。

4. 方某某与广州市公安局某区分局行政不作为及请求国家赔偿纠纷上诉案（广东省广州市中级人民法院行政判决书（2005）穗中法行终字第176号）

案件适用要点：构成行政不作为，不仅需行政主体及其工作人员负有作为义务，而且还必须有履行该义务的可能性，以行政主体能够履行而未履行为必要，即具有履行该义务的主观意志能力。《人民警察法》第21条规定了人民警察的救助义务，这种作为义务的构成前提是，人民警察能够认识到危难情形的存在。如果人民警察根据客观情况确实不能认定危难情形存在的，不具有履行该义务的可能性，而没有采取相应措施，则不构成行政不作为。所以，人民警察无从知晓公民患有精神内科疾病、没有将其送医院救治的，并不构成行政不作为。

▶条文参见

《公安机关办理行政案件程序规定》第十章；《110接处警工作规则》；《公安派出所执法执勤工作规范》；《城市人民警察巡逻规定》第4条；《公路巡逻民警队警务工作规范》第7条

第二十二条 禁止行为

人民警察不得有下列行为：

（一）散布有损国家声誉的言论，参加非法组织，参加旨在反对国家的集会、游行、示威等活动，参加罢工；

（二）泄露国家秘密、警务工作秘密；

（三）弄虚作假，隐瞒案情，包庇、纵容违法犯罪活动；

（四）刑讯逼供或者体罚、虐待人犯；

（五）非法剥夺、限制他人人身自由，非法搜查他人的身体、物品、住所或者场所；

（六）敲诈勒索或者索取、收受贿赂；

（七）殴打他人或者唆使他人打人；

（八）违法实施处罚或者收取费用；

（九）接受当事人及其代理人的请客送礼；

（十）从事营利性的经营活动或者受雇于任何个人或者组织；

（十一）玩忽职守，不履行法定义务；

（十二）其他违法乱纪的行为。

▶典型案例指引

王某玩忽职守案（昆明铁路运输中级法院刑事裁定书〔2002〕昆铁中刑终字第06号）

案件适用要点：上诉人王某身为人民警察，当公民人身安全受到严重威胁时，不积极采取有效的救助措施，相反，在危急关头离开现场，不正确履行警察的法定义务，致使被害人在能得到救助的情况下，没有得到及时救助而死亡，其行为已触犯刑法，构成玩忽职守罪。上诉人王某及其辩护人关于手榴弹爆炸后没有冲进屋内而是保护现场及应该去接电话的辩解和辩护意见，法院认为，现场保护是刑事侦查中为保持案件发生时的原始状态，使犯罪物证免遭损坏，而对出事地点采取的一种紧急措施，但必须把急救人命、保护人身安全放在首位。而本案中的手榴弹爆炸后，凶手正在屋内继续实施犯罪，这时，在现场的警察王某不去制止犯罪，救助屋内他人生命安全，反而离开现场，造成公民李某被凶杀致死的严重危害后果。

▶条文参见

《公安机关人民警察纪律条令》

第二十三条　按照规定着装等义务

人民警察必须按照规定着装，佩带人民警察标志或者持有人民警察证件，保持警容严整，举止端庄。

▶理解与适用

［着装］

根据《公安机关人民警察内务条令》的规定，公安民警着装，是指公安机关人民警察按规定穿戴警服和警用标志。公安民警在规定的工作时间应当按要求着装。遇有下列情形之一的，可以不着装：(1) 执行侦查（察）、警卫、外事等特殊工作任务不宜着装的；(2) 工作时间非因公外出的；(3) 女性民警怀孕期间；(4) 其他不宜或者不需要着装的情形。

公安民警应当根据工作时间和场合需要着装。在工作时间，一般穿着执勤类服装；参加训练时，穿着作训类服装；参加荣誉仪式、宣誓、阅警、重要会议等活动时，穿着常服或者警礼服；参加重大纪念、庆典、外事等活动时，穿着警礼服。主管（主办）单位也可根据工作需要作出规定。公安民警参加集体活动的统一着装，由活动组织单位确定。警服的主要品种、穿着规范图示由公安部政治部和警服主管部门另行发布。

［警徽］

警徽是人民警察的象征和标志。人民警察必须爱护警徽，维护警徽的尊严。警徽可以用于警服、警帽、警用交通工具、标志等物品上，除法律法规规定的情形外，使用警徽及其图案应当经地（市）级以上人民警察机关批准。警徽及其图案不得用于有碍于警徽庄严的场合或者物品。警徽为人民警察专用标志，其他单位和个人不得持有、使用、制作、仿造、伪造和买卖警徽，也不得使用与警徽及其图案相类似的标志。

[警证]

公安机关人民警察使用统一的人民警察证。人民警察证是公安机关人民警察身份和依法执行职务的凭证和标志。人民警察在依法执行职务时，除法律、法规另有规定外，应当随身携带人民警察证，主动出示并表明人民警察身份。不得涂改、损坏、复制、转借、抵押、赠送、买卖人民警察证，不得将人民警察证用于非警务活动或者非法活动。如有违反的，应当依照有关规定予以纪律处分或者追究法律责任。

▶**条文参见**

《公安机关人民警察内务条令》第四章第一节；《人民警察警衔标志式样和佩带办法》；《人民警察警徽使用管理规定》；《公安机关人民警察证使用管理规定》；《公安机关督察条例实施办法》第32条

第四章　组织管理

第二十四条　组织机构设置和职务序列管理

国家根据人民警察的工作性质、任务和特点，规定组织机构设置和职务序列。

▶**理解与适用**

[人民警察职务序列]

公安机关人民警察职务分为警官职务、警员职务和警务技术职务。

公安机关履行警务指挥职责的人民警察实行警官职务序列。公安机关领导成员和内设综合管理机构警官职务由高至低为：省部级正职、省部级副职、厅局级正职、厅局级副职、县处级正职、县处级副职、乡科级正职、乡科级副职。公安机关内设执法勤务机构警官职务由高至低为：总队长、副总队长、支队长、副支队长、大队长、副大队长、中队长、副中队长。县级以上地方人民政府公安机关派出机构、内设执法勤务机构和不设区的市、县、自治县公安局根据工作需要，可以设置主管政治工作的政治委员、教导员、指导员等警官职务。

公安机关履行警务执行职责的人民警察实行警员职务序列。公安机关及其内设综合管理机构警员职务由高至低为：巡视员、副巡视员、调研员、副调研员、主任科员、副主任科员、科员、办事员。公安机关内设执法勤务机构警员职务由高至低为：一级警长、二级警长、三级警长、四级警长、一级警员、二级警员、三级警员。

公安机关从事警务技术工作的人民警察实行警务技术职务序列。警务技术职务的设置，按照国家规定执行。

▶条文参见

《公安机关组织管理条例》第三章

第二十五条 警衔制度

人民警察依法实行警衔制度。

▶理解与适用

警衔是区分人民警察等级、表明人民警察身份的称号、标志和国家给予人民警察的荣誉。人民警察警衔按照人民警察职务等级编制警衔授予。一般而言，警衔高的人民警察对警衔低的人民警察，警衔高的为上级，如果警衔高的人民警察在职务上隶属于警衔低的人民警察时，职务高的为上级。

[警衔等级设置]

人民警察警衔设五等十三级：(1) 总警监、副总警监；(2) 警监：一级、二级、三级；(3) 警督：一级、二级、三级；(4) 警司：一级、二级、三级；(5) 警员：一级、二级。担任专业技术职务的人民警察的警衔，在警衔前冠以“专业技术”。

担任行政职务的人民警察实行下列职务等级编制警衔：(1) 部级正职：总警监；(2) 部级副职：副总警监；(3) 厅（局）级正职：一级警监至二级警监；(4) 厅（局）级副职：二级警监至三级警监；(5) 处（局）级正职：三级警监至二级警督；(6) 处（局）

级副职：一级警督至三级警督；(7) 科（局）级正职：一级警督至一级警司；(8) 科（局）级副职：二级警督至二级警司；(9) 科员（警长）职：三级警督至三级警司；(10) 办事员（警员）职：一级警司至二级警员。

担任专业技术职务的人民警察实行下列职务等级编制警衔：(1) 高级专业技术职务：一级警监至二级警督；(2) 中级专业技术职务：一级警督至二级警司；(3) 初级专业技术职务：三级警督至一级警员。

[警衔的晋级]

二级警督以下包括二级警督的人民警察警衔的晋级，在其职务等级编制警衔幅度内，二级警员至一级警司，每晋升一级为3年；一级警司至一级警督，每晋升一级为4年。警司晋升警督，经相应的人民警察院校培训合格后，方可晋升。在职的人民警察在院校培训的时间，计算在警衔晋级的期限内。

晋级的条件：(1) 执行国家的法律、法规和政策，遵纪守法；(2) 胜任本职工作；(3) 联系群众，廉洁奉公，作风正派。晋级期限届满，经考核具备晋级条件的，应当逐级晋升；不具备晋级条件的，应当延期晋升。在工作中有突出功绩的，可以提前晋升。

一级警督以上包括一级警督的人民警察警衔的晋级，在职务等级编制警衔幅度内，根据其德才表现和工作实绩实行选升。警督晋升警监，经相应的人民警察院校培训合格后，方可晋升。

获得记一等功以上奖励的个人，可以按照有关规定提前晋升警衔。

人民警察由于职务提升，其警衔低于新任职务等级编制警衔的最低警衔的，应当晋升至新任职务等级编制警衔的最低警衔。

[警衔的降级]

人民警察因不胜任现任职务被调任下级职务，其警衔高于新任职务等级编制警衔的最高警衔的，应当调整至新任职务等级编制警衔的最高警衔。调整警衔的批准权限与原警衔的批准权限相同。人民警察违犯警纪的，可以给予警衔降级的处分。警衔降级的批准权限与原警衔的批准权限相同。人民警察受警衔降级处分后，其警衔晋级的期限按照降级后的警衔等级重新计算。人民警察警衔降级不适用于二级警员。

［警衔的保留、取消］

人民警察离休、退休的，其警衔予以保留，但不得佩带标志。人民警察调离警察工作岗位或者辞职、退职的，其警衔不予保留。

人民警察被开除公职的，或者因犯罪被依法判处剥夺政治权利或者有期徒刑以上刑罚的（包括离退休警察），其警衔相应取消。

［警衔津贴］

经国务院批准，人民警察实行警衔津贴，包括各级公安、安全、监狱和各级人民法院、人民检察院中评定授予警衔的在职人民警察。津贴标准按衔级执行。

►条文参见

《人民警察警衔条例》

第二十六条　任职条件

担任人民警察应当具备下列条件：

（一）年满18岁的公民；

（二）拥护中华人民共和国宪法；

（三）有良好的政治、业务素质和良好的品行；

（四）身体健康；

（五）具有高中毕业以上文化程度；

（六）自愿从事人民警察工作。

有下列情形之一的，不得担任人民警察：

（一）曾因犯罪受过刑事处罚的；

（二）曾被开除公职的。

第二十七条　人民警察的录用

录用人民警察，必须按照国家规定，公开考试，严格考核，择优选用。

第二十八条　领导职务任职条件

担任人民警察领导职务的人员，应当具备下列条件：

（一）具有法律专业知识；

（二）具有政法工作经验和一定的组织管理、指挥能力；

（三）具有大学专科以上学历；

（四）经人民警察院校培训，考试合格。

▶理解与适用

本条规定了担任人民警察领导职务人员的任职条件，拟任人员应当具备本条规定的条件。其中，“具有政法工作经验”是指具有公、检、法、司、安全等政法部门或者在党委、政府中担任主要领导职务以及主管过政法工作的经历。

第二十九条　教育培训

国家发展人民警察教育事业，对人民警察有计划地进行政治思想、法制、警察业务等教育培训。

第三十条　服务年限和最高任职年龄

国家根据人民警察的工作性质、任务和特点，分别规定不同岗位的服务年限和不同职务的最高任职年龄。

第三十一条　奖励制度

人民警察个人或者集体在工作中表现突出，有显著成绩和特殊贡献的，给予奖励。奖励分为：嘉奖、三等功、二等功、一等功、授予荣誉称号。

对受奖励的人民警察，按照国家有关规定，可以提前晋升警衔，并给予一定的物质奖励。

▶理解与适用

自2016年1月1日起施行的《公安机关人民警察奖励条令》，对公安机关的奖励工作进行了规定。该条令适用于全国各级公安机关，铁路、交通、民航、森林公安机关和海关缉私部门及其人民警察。公安机关所属单位及其在编在职人员，公安机关见习期人民警察、离退休人民警察、在编在职工勤人员和公安院校全日制普通学历教育学生参照执行。公安现役部队奖励工作执行《中国人民解放军纪律条令（试行）》。《公安机关人民警察奖励条令》规定，奖励分为集体奖励和个人奖励。集体奖励的对象是各级公安机关建制单位和为完成专项工作临时成立的非建制单位；个人奖励的对象是各级公安机关在职在编人民警察。因公牺牲或者病故的人民警察，生前有重大贡献或者突出事迹，符合奖励条件的，可以追授奖励。

[公安机关人民警察集体或个人获得奖励的条件是什么?]

符合下列条件之一的集体和个人，应当给予奖励：(1) 依法打击危害国家安全和公共安全、颠覆国家政权、破坏社会秩序和经济秩序、侵犯公私财产和公民人身权利等违法犯罪活动，维护国家安全和社会稳定，成绩突出的；(2) 加强社会治安管理，依法查处和制止扰乱公共秩序、侵犯人身权利、妨害社会管理等违法行为，维护治安稳定和公共安全，成绩突出的；(3) 依法妥善处置重大突发事件，积极参加抢险救灾，圆满完成重大活动安全保卫任务，成绩突出的；(4) 加强公安基层基础建设，落实各项管理防范措施，有效预防和制止违法犯罪活动，成绩突出的；(5) 依法履行行政管理职能，科学、文明、规范管理，提高工作质量和效率，成绩突出的；(6) 加强科技强警工作，有发明创造、科技创新成果或者创造典型经验，成绩突出的；(7) 密切联系群众，热情为群众服务，成绩突出的；(8) 加强思想政治工作，强化教育、管理和监督，推动队伍正规化建设，成绩突出的；(9) 加强执法监督管理，推动执法规范化建设，成绩突出的；(10) 认真完成综合管理、警务保障和国际警务合作等工作任务，成绩突出的；(11) 秉公执法，清正廉洁，勇于与社会不良风气做斗争，成绩突出的；(12) 在其他方面成绩突出的。

[奖励分为哪几个等级，各等级奖励待遇是什么?]

集体奖励由低至高依次为：嘉奖，记三等功、二等功、一等功，授予荣誉称号。集体授予荣誉称号的名称，根据受奖集体的事迹特点确定。个人奖励由低至高依次为：嘉奖，记三等功、二等功、一等功，授予荣誉称号。授予个人的荣誉称号分为全国公安系统二级英雄模范、一级英雄模范称号。

对符合奖励条件的集体和个人，根据其事迹及作用、影响，按照以下标准确定奖励等级：(1) 对成绩突出的，给予嘉奖；(2) 对成绩突出，有较大贡献的，记三等功；(3) 对成绩显著，有重要贡献的，记二等功；(4) 对成绩显著，有重大贡献和影响的，记一等功；(5) 对成绩卓著，有特殊贡献和重大影响，堪称典范的，可以授予荣誉称号。

奖励批准机关对获得奖励的集体和个人统一按照下列标准颁发奖金：集体嘉奖五千元，集体三等功一万元，集体二等功两万元，集体一等功三万元，集体荣誉称号五万元。个人嘉奖两千元，个人三等功五千元，个人二等功一万元，个人一等功两万元，全国公安系统二级英雄模范五万元，全国公安系统一级英雄模范八万元。集体奖励的奖金一般作为工作经费由集体使用，原则上不得向个人发放。

获得授予或者追授全国公安系统一级英雄模范、二级英雄模范荣誉称号奖励的个人的子女，符合条件的，可以保送进入普通公安高等院校学习。获得记一等功以上奖励的个人，可以按照有关规定提前晋升警衔。

获得记三等功以上奖励（含追记、追授的）的个人死亡后，按照国家有关规定增发一次性抚恤金。

获得全国公安系统一级英雄模范、二级英雄模范称号的个人死亡后，按照有关规定进行吊唁。

获得奖励的个人，根据国家有关规定享受其他待遇。

[什么情况下应当撤销奖励?]

获得奖励的集体或者个人，有下列情形之一的，应当撤销其奖励：(1) 伪造事迹或者申报奖励时隐瞒严重问题，骗取奖励的；(2) 严重违反规定奖励程序的；(3) 获得授予荣誉称号奖励的集体发生违法违纪问题，造成恶劣影响的；(4) 获得授予荣誉称号奖励的个人受到开除处分、刑事处罚，或者犯有其他严重错误，丧失模范作用的；(5) 法律、法规规定应当撤销奖励的其他情形。

▶条文参见

《公安机关人民警察奖励条令》

第五章 警务保障

第三十二条 上级决定和命令的执行

人民警察必须执行上级的决定和命令。

人民警察认为决定和命令有错误的，可以按照规定提出意见，但不得中止或者改变决定和命令的执行；提出的意见不被采纳时，必须服从决定和命令；执行决定和命令的后果由作出决定和命令的上级负责。

▶理解与适用

［上级］

根据《公安机关人民警察内务条令》第21条的规定，公安民警依据领导职务和警衔，构成上级与下级或者同级关系。领导职务高的是上级，领导职务低的是下级，领导职务相当的是同级；在没有领导职务或者难以确定领导职务高低时，警衔高的是上级，警衔低的是下级，警衔相同的是同级。

［下达命令］

根据《公安机关人民警察内务条令》第27条的规定，上级（机关）有权对下级（机关）下达命令。命令通常逐级下达，情况紧急时，也可以越级下达。越级下达命令时，除特殊情况外，下达命令的上级（机关）应当将所下达命令及时通知受令者的直接上级（机关）。命令下达后，上级（机关）应当及时检查执行情况；如果情况发生变化，应当及时下达补充命令或者新的命令。

［命令的执行］

根据《公安机关人民警察内务条令》第28条的规定，下级（机关）必须坚决执行上级（机关）的命令，并将执行情况及时报告。下级（机关）认为命令有错误的，可以提出意见，上级（机关）应当及时给予答复。在没有明确答复之前，下级（机关）不得中止或者改变命令的执行；提出的意见不被采纳时，必须服从命令。执行命令的后果由作出命令的上级（机关）负责。执行中如果情况发生重大变化，原命令确实无法继续执行而又来不及或者无法请示报告上级（机关）时，下级（机关）应当根据上级（机关）的精神要求，以高度负责的态度，果断临机处置，事后迅速报告。下级（机关）对超越法律法规规定的职责范围的命令，有权拒绝执行，并同时向下达命令的上级（机关）报告。

[不同建制的公安民警执行职务时的指挥原则]

根据《公安机关人民警察内务条令》第30条的规定，不同建制的公安民警在共同执行任务时，应当服从共同上级所指定负责人的领导和指挥。公安民警处置突发事件或者遇有紧急情况，在建制不明时，依据领导职务和警衔确定领导指挥关系。

▶条文参见

《公安机关人民警察内务条令》第三章

第三十三条　拒绝执行超越法定职责的指令

人民警察对超越法律、法规规定的人民警察职责范围的指令，有权拒绝执行，并同时向上级机关报告。

第三十四条　公民和组织的支持和协助义务

人民警察依法执行职务，公民和组织应当给予支持和协助。公民和组织协助人民警察依法执行职务的行为受法律保护。对协助人民警察执行职务有显著成绩的，给予表彰和奖励。

公民和组织因协助人民警察执行职务，造成人身伤亡或者财产损失的，应当按照国家有关规定给予抚恤或者补偿。

第三十五条　拒绝或阻碍人民警察依法执行职务应受处罚的行为

拒绝或者阻碍人民警察依法执行职务，有下列行为之一的，给予治安管理处罚：

（一）公然侮辱正在执行职务的人民警察的；

（二）阻碍人民警察调查取证的；

（三）拒绝或者阻碍人民警察执行追捕、搜查、救险等任务进入有关住所、场所的；

（四）对执行救人、救险、追捕、警卫等紧急任务的警车故意设置障碍的；

（五）有拒绝或者阻碍人民警察执行职务的其他行为的。

以暴力、威胁方法实施前款规定的行为，构成犯罪的，依法追究刑事责任。

▶**理解与适用**

根据《治安管理处罚法》第50条的规定，阻碍人民警察依法执行职务的处警告或者200元以下罚款，情节严重的处5日以上10日以下拘留，可并处500元以下罚款，且应从重处罚。以暴力、威胁方法阻碍人民警察依法执行职务的，依照《刑法》第277条规定，处3年以下有期徒刑、拘役、管制或者罚金；故意阻碍国家安全机关、公安机关依法执行国家安全工作任务，未使用暴力、威胁方法，造成严重后果的，也依此处罚。

▶**条文参见**

《治安管理处罚法》第50条；《刑法》第277条

第三十六条　警用标志、制式服装和警械的管理

人民警察的警用标志、制式服装和警械，由国务院公安部门统一监制，会同其他有关国家机关管理，其他个人和组织不得非法制造、贩卖。

人民警察的警用标志、制式服装、警械、证件为人民警察专用，其他个人和组织不得持有和使用。

违反前两款规定的，没收非法制造、贩卖、持有、使用的人民警察警用标志、制式服装、警械、证件，由公安机关处15日以下拘留或者警告，可以并处违法所得5倍以下的罚款；构成犯罪的，依法追究刑事责任。

▶理解与适用

不得非法制造、贩卖、持有、使用人民警察警用标志、制式服装、警械、证件。非法生产、买卖人民警察制式服装、车辆号牌等专用标志、警械，情节严重的，根据《刑法》第281条的规定，处3年以下有期徒刑、拘役或者管制，并处或者单处罚金；单位犯此罪的，对单位判处罚金，并对其直接负责的主管人员和其他直接责任人员，依照前述规定处罚。

▶条文参见

《刑法》第281条；《公安机关警戒带使用管理办法》第10条

第三十七条 经费来源

国家保障人民警察的经费。人民警察的经费，按照事权划分的原则，分别列入中央和地方的财政预算。

第三十八条 警察工作所必需的通讯、训练设施和交通及基础设施的建设

人民警察工作所必需的通讯、训练设施和交通、消防以及派出所、监管场所等基础设施建设，各级人民政府应当列入基本建设规划和城乡建设总体规划。

第三十九条 国家加强警察装备的现代化建设

国家加强人民警察装备的现代化建设，努力推广、应用先进的科技成果。

第四十条 工资及其他福利待遇

人民警察实行国家公务员的工资制度，并享受国家规定的警衔津贴和其他津贴、补贴以及保险福利待遇。

第四十一条 抚恤和优待

人民警察因公致残的，与因公致残的现役军人享受国家同样的抚恤和优待。

人民警察因公牺牲或者病故的，其家属与因公牺牲或者病故的现役军人家属享受国家同样的抚恤和优待。

▶理解与适用

[法律依据]

为了做好人民警察的抚恤优待工作，激励人民警察的奉献精神，根据《人民警察法》和国家有关优抚法规、政策，2014 年 4 月 30 日民政部、最高人民法院、最高人民检察院等部门公布了《人民警察抚恤优待办法》。伤残人民警察、人民警察烈士遗属、因公牺牲人民警察遗属、病故人民警察遗属依照本办法的规定享受抚恤优待。另外，伤残抚恤金标准按照《军人抚恤优待条例》规定执行；伤残等级评定程序按照《伤残抚恤管理办法》有关规定办理。

[伤残等级评定标准]

根据《人民警察抚恤优待办法》第 26 条的规定，伤残的等级，根据劳动功能障碍程度和生活自理障碍程度确定，由重到轻分为一级至十级。伤残等级的具体评定标准，参照《军人残疾等级评定标准》执行。

[烈士评定标准]

根据《人民警察抚恤优待办法》第 8 条的规定，人民警察死亡，符合下列情形之一的，评定为烈士：(1) 在依法查处违法犯罪行为、执行国家安全工作任务、执行反恐怖任务和处置突发事件中牺牲的；(2) 抢险救灾或者其他为了抢救、保护国家财产、集体财产、公民生命财产牺牲的；(3) 在执行外交任务或者国家派遣的对外援助、维持国际和平任务中牺牲的；(4) 在执行武器装备科研试验任务中牺牲的；(5) 其他牺牲情节特别突出，堪为楷模的。人民警察在处置突发事件、执行边海防执勤或者抢险救灾任务中失踪，经法定程序宣告死亡的，按照烈士对待。

[伤残抚恤金]

根据《人民警察抚恤优待办法》第 31 条的规定，伤残人民警察，按照伤残等级享受伤残抚恤金。伤残抚恤金由发给其伤残证件的县级人民政府民政部门发给，其标准按照《军人抚恤优待条例》

规定执行。

▶条文参见

《军人抚恤优待条例》；《伤残抚恤管理办法》；《烈士褒扬条例》；《人民警察抚恤优待办法》

第六章 执法监督

第四十二条 接受人民检察院和行政监察机关的监督

人民警察执行职务，依法接受人民检察院和行政监察机关的监督。

▶条文参见

《人民检察院组织法》第20条；《刑事诉讼法》第100条

第四十三条 上级机关对下级机关执法活动的监督

人民警察的上级机关对下级机关的执法活动进行监督，发现其作出的处理或者决定有错误的，应当予以撤销或者变更。

▶理解与适用

本条是关于人民警察的上级机关对下级机关执法活动的监督的规定。根据《公安机关内部执法监督工作规定》，上级机关对下级机关执法活动的监督属于公安机关内部执法监督的一种，公安机关内部执法监督还包括上级业务部门对下级业务部门，本级公安机关对所属业务部门、派出机构及其人民警察的各项执法活动的监督。

[执法考核评议]

各级公安机关应对下级公安机关和所属执法部门的执法情况按《公安机关执法质量考核评议规定》的内容和标准每年进行一次全面考核评议，将考核评议结果报上一级公安机关并在本级公安机关予以通报。执法质量考核评议采取平时考查与年度考核评议相结合的方法。各级公安机关应当建立考核评议档案，如实记载平时专项执法检查、专案调查、案件审核等工作情况，作为年度考核评议的重要依据。执法质量考核评议结果作为衡量公安机关及其所属执法部门工作实绩的重要指标。考核评议结果以年度积分为准，分为优秀、达标、不达标三档。

公安机关办理各类案件的基本要求是：(1) 依法受理案件，如实立案；(2) 执法主体合法，符合管辖范围规定，无越权办案的情形；(3) 案件事实清楚，证据确实充分；(4) 调查取证合法、及时、客观、全面，无篡改、伪造、隐瞒、毁灭证据以及因故意或者严重过失导致案件证据无法取得等情形；(5) 定性及适用法律、法规、规章准确，量处适当，无违法撤销案件、升格或降格处理，以及应当处罚而不予处罚、不应当处罚而予以处罚等情形；(6) 适用强制措施、侦查措施、调查措施法律手续完备，程序合法；(7) 法律文书规范、完备，案卷装订规范。

[公安机关所属执法部门或派出机构具有哪些情形时，本级公安机关年度考核评议结果被确定为不达标?]

公安机关所属执法部门或派出机构具有下列情形之一的，本级公安机关年度考核评议结果应确定为不达标：(1) 刑讯逼供致人重伤、死亡或者殴打、体罚、虐待被监管人导致其重伤、死亡的；(2) 滥用警械武器致人死亡的；(3) 因对监管场所管理不当导致被监管人集体脱逃的；(4) 因重大执法过错造成多人重伤、死亡的重大事故的；(5) 因黄、赌、毒违法犯罪现象严重或者出现重大执法问题被新闻媒体曝光，经查证属实，造成恶劣社会影响的；(6) 被考核评议单位拒绝接受考核评议或者弄虚作假的。

[责任追究的要求]

开展执法监督和执法过错责任追究工作，应当达到以下标准：(1) 严格执行上级公安机关的监督决定和命令，无拒不执行、拖延执行等情形；(2) 对业已发现的错误案件，及时纠正，无故意隐瞒、拒不纠正的情形；(3) 依法及时追究过错责任人的过错责任，无应当追究而不追究或降格追究的情形。

对于公安机关人民警察在执行职务中，故意或者过失造成的认定事实错误、适用法律错误、违反法定程序或者其他执法错误，应当根据其违法事实、情节、后果和责任程度分别追究行政责任、经济责任和刑事责任。在执法过错责任追究工作中，公安业务部门、法制、督察、人事等部门应当互相支持，积极配合。

[对公安机关人民警察的哪些行为应当按照规定追究执法过错责任?]

根据《公安机关人民警察执法过错责任追究规定》，公安机关人民警察在执行职务中，有下列情形之一的，应当追究执法过错责任：(1) 违反法律规定，对应当立案或者撤销的刑事、行政案件不予立案、撤销，对不应当立案或者撤销的案件予以立案、撤销的；(2) 在办案中弄虚作假、逼供、骗供、诱供、逼取证人证言的，或者因为在勘验、检查、鉴定中出现重大失误、疏漏而造成案件错误处理的；(3) 因办案人员的主观过错导致案件主要犯罪事实错误，检察院不予批捕、不起诉或者人民法院判决无罪的；(4) 应当报捕而未报捕导致检察院在审查报捕时增捕重大犯罪嫌疑人的；(5) 呈报少年收容教养、收容教育，因办案人员的主观过错导致案件主要事实错误，审批机关或有关部门不予批准的；(6) 因办案人员的主观过错导致案件主要事实错误或者严重违反法定程序，被人民法院、复议机关撤销具体行政行为的；(7) 对没有犯罪事实或者没有证据证明有犯罪重大嫌疑的人，错误采取刑事拘留、取保候审、监视居住等刑事强制措施，或者超过法定期限办案情节严重的；(8) 违反法律规定，作出拘留、罚款、吊销许可证和执照、没收财物等行政处罚，或者采取少年收容教养、收容教育等限制人身自由措施的；(9) 违反法律规定，办理保外就医、所外执行的；(10) 违反法律规定，对财产采取查封、扣押、冻结等强制措施，或者违反国家规定征收财物、收取费用的；(11) 违反法律规定，使用警械、武器，情节恶劣或造成严重后果的；(12) 违反法律规定，阻碍当事人行使申诉、控告、听证、复议、诉讼和其他合法权利，情节恶劣或者造成严重后果的；(13) 不履行办案协作职责，或者阻碍异地公安机关依法办案，情节恶劣或者造成严重后果的；(14) 错误执行或者拒不执行发生法律效力的刑事、行政裁判、复议决定和其他纠正违法的决定、命令，造成严重后果的；(15) 拒绝或者拖延履行法定职责造成严重后果的；(16) 其他故意或者过失违反法律、法规、规章规定，应当予以追究的执法过错。

[发生执法过错的，如何确定各直接责任人员的责任?]

公安机关发生执法过错的，应当根据人民警察在办案中各自承担的职责，区分不同情况，分别追究案件审批人、审核人、办案人、鉴定人及其他直接责任人员的责任：(1) 办案人、审核人、审批人都有故意或过失造成执法过错的，应当分别承担责任，其中审批人承担主要责任。(2) 审批人在审批时改变或者不采纳办案人、审核人的正确意见造成执法过错的，由审批人承担全部责任。(3) 违反规定的程序，擅自行使职权造成执法过错的，由直接责任人员承担责任。(4) 因办案人或者审核人弄虚作假、隐瞒真相，导致审批人错误审批造成执法过错的，由办案人或者审核人承担主要责任。(5) 因鉴定人提供虚假、错误鉴定结论造成执法过错的，由鉴定人承担主要责任。(6) 下级公安机关按照规定向上级公安机关请示的案件，因上级公安机关批复、决定错误造成执法过错的，由上级公安机关有关责任人员承担责任。

[哪些情形下发生执法过错的，可以不追究人民警察的责任?]

具有下列情形之一，改变案件定性、处理的，不追究人民警察的责任：(1) 法律规定不明确或者有关司法解释不一致的；(2) 因不能预见或无法抗拒的原因致使错误发生的；(3) 执行上级命令的；(4) 按照办案协作规定协助办案的。

[哪些情形下可以从轻或者免予追究执法过错责任人的责任?]

凡具有下列情形之一的，可以从轻或者免予追究执法过错责任：(1) 由于轻微过失造成执法过错的；(2) 主动承认错误，并及时纠正的；(3) 执法过错发生后能够配合有关部门工作，减少损失、挽回影响的；(4) 情节轻微、尚未造成严重后果的。

[哪些情形下应当从重追究人民警察执法过错责任?]

有下列情形之一的，应当从重追究人民警察执法过错责任：(1) 因贪赃枉法、徇私舞弊、刑讯逼供、蓄意报复、陷害等故意造成执法过错的；(2) 阻碍对执法过错责任进行追究的；(3) 对检举、控告、申诉人打击报复的；(4) 连续多次发生执法过错的；(5) 情节恶劣、后果比较严重的。

▶条文参见

《公安机关内部执法监督工作规定》；《公安机关执法质量考核评议规定》；《公安机关人民警察执法过错责任追究规定》；《公安部关于公安机关执行〈人民警察法〉有关问题的解释》

第四十四条 接受社会和公民的监督

人民警察执行职务，必须自觉地接受社会和公民的监督。人民警察机关作出的与公众利益直接有关的规定，应当向公众公布。

第四十五条 办案过程中的回避

人民警察在办理治安案件过程中，遇有下列情形之一的，应当回避，当事人或者其法定代理人也有权要求他们回避：

（一）是本案的当事人或者是当事人的近亲属的；

（二）本人或者其近亲属与本案有利害关系的；

（三）与本案当事人有其他关系，可能影响案件公正处理的。

前款规定的回避，由有关的公安机关决定。

人民警察在办理刑事案件过程中的回避，适用刑事诉讼法的规定。

▶理解与适用

根据《刑事诉讼法》的规定，侦查人员有下列情形之一的，应当自行回避，当事人及其法定代理人也有权要求他们回避：(1) 是本案的当事人或者是当事人的近亲属的；(2) 本人或者他的近亲属和本案有利害关系的；(3) 担任过本案的证人、鉴定人、辩护人、诉讼代理人的；(4) 与本案当事人有其他关系，可能影响公正处理案件的。侦查人员不得接受当事人及其委托的人的请客送礼，不得违反规定会见当事人及其委托的人。如有违反的，应当依法追究法律责任。当事人及其法定代理人有权要求他们回避。

侦查人员的回避由公安机关负责人决定；公安机关负责人的回避，由同级人民检察院检察委员会决定。对侦查人员的回避作出决定前，侦查人员不能停止对案件的侦查。

▶条文参见

《刑事诉讼法》第 29－31 条；《公安机关办理刑事案件程序规定》第三章；《公安机关办理行政案件程序规定》第三章

第四十六条 公民或组织对违法违纪行为的检举、控告权

公民或者组织对人民警察的违法、违纪行为，有权向人民警察机关或者人民检察院、行政监察机关检举、控告。受理检举、控告的机关应当及时查处，并将查处结果告知检举人、控告人。

对依法检举、控告的公民或者组织，任何人不得压制和打击报复。

▶理解与适用

任何单位和个人不得以任何借口和手段打击报复检举、控告人及其亲属或假想检举、控告人。指使他人打击报复的，或者被指使人、被指使单位的主要负责人和直接责任人员明知实施的行为是打击报复的，以打击报复论处。根据《刑法》第254条的规定，国家机关工作人员滥用职权、假公济私，对控告人、申诉人、批评人、举报人实行报复陷害的，处2年以下有期徒刑或者拘役；情节严重的，处2年以上7年以下有期徒刑。

▶条文参见

《刑法》第254条

第四十七条 内部督察制度

公安机关建立督察制度，对公安机关的人民警察执行法律、法规、遵守纪律的情况进行监督。

▶理解与适用

督察工作的基本任务是保障和监督公安机关及其人民警察依法履行职责、行使职权和遵守纪律。公安机关的督察体制是，公安部建立督察委员会，统一领导全国公安督察工作，对公安部部长负责；县级以上地方各级人民政府公安机关建立督察机构，对本级公安机关所属单位和下级公安机关履行职责、行使职权和遵守纪律情况进行监督，对上一级公安机关督察机构和本级公安机关行政首长负责；公安部和县级以上人民政府公安机关的督察机构建立由专门人员组成的警务督察队。根据《公安机关督察条例》的规定，公安机关督

察方式为现场督察，现场督察是指警务督察人员对公安机关及其人民警察在执法执勤活动中依法履行职责、行使职权和遵守纪律的情况进行的同步监督和检查。现场督察的范围包括：(1) 重要的警务部署、措施、活动的组织实施情况；(2) 重大社会活动的秩序维护和重点地区、场所治安管理的组织实施情况；(3) 治安突发事件处置的情况；(4) 刑事案件、治安案件的受理、立案、侦查、调查、处罚和强制措施的实施情况；(5) 治安、交通、户政、出入境等公安行政管理法律、法规的执行情况；(6) 使用武器、警械以及警用车辆、警用标志的情况；(7) 处置公民报警、请求救助和控告申诉的情况；(8) 文明执勤、文明执法和遵守警容风纪规定的情况；(9) 组织管理和警务保障的情况；(10) 公安机关及其人民警察履行职责、行使职权和遵守纪律的其他情况。

▶条文参见

《公安机关督察条例》；《公安机关督察条例实施办法》；《公安机关人民警察执法过错责任追究规定》

第七章　法 律 责 任

第四十八条　行政处分

人民警察有本法第二十二条所列行为之一的，应当给予行政处分；构成犯罪的，依法追究刑事责任。

行政处分分为：警告、记过、记大过、降级、撤职、开除。对受行政处分的人民警察，按照国家有关规定，可以降低警衔、取消警衔。

对违反纪律的人民警察，必要时可以对其采取停止执行职务、禁闭的措施。

▶理解与适用

本条规定，对有本法第 22 条所列行为的人民警察，应给予行政处分，处分分为：警告、记过、记大过、降级、撤职、开除。根据《公务员法》第 64 条第 2 款的规定，受处分的期间为：警告，6 个月；记过，12 个月；记大过，18 个月；降级、撤职，24 个月。人民警察违犯警纪的，按照《人民警察警衔条例》的规定，还可给予警衔降级的处分；被开除公职或者因犯罪被依法判处剥夺政治权利或有期徒刑以上刑罚的（该情形包括离退休警察），其警衔相应取消。

[在哪些情形下可以对人民警察采取停止执行职务的措施?]

人民警察有下列行为之一的，可以对其采取停止执行职务的措施：(1) 拒不执行上级公安机关和领导的决定、命令或者违抗命令不服从指挥，可能造成严重后果的；(2) 涉嫌泄露国家秘密、警务工作秘密的；(3) 弄虚作假、隐瞒案情，包庇、纵容违法犯罪活动的；(4) 刑讯逼供或者体罚、虐待犯罪嫌疑人、被告人和罪犯，情节比较严重的；(5) 涉嫌敲诈勒索或者索取、收受贿赂的；(6) 违反规定使用武器、警械，造成严重后果的；(7) 违法实施处罚或者收取费用，造成恶劣影响的；(8) 接受当事人及其亲属或者代理人请客送礼，数额较大，造成恶劣影响的；(9) 从事营利性的经营活动或者应聘、受雇于任何个人、组织搞营利性经营活动，不听制止的；(10) 玩忽职守，不履行法定义务，造成严重后果的；(11) 其他违反纪律的行为有必要采取停止执行职务措施的。

停止执行职务的期限是 10 日以上 60 日以下。对被停止执行职务的人民警察，应当收回其枪支、警械和执行职务的有关证件。停止执行职务期间，除特殊情况外，不得离开居住地；因特殊情况需要外出的，应向对其执行停止执行职务的督察机构报告，并得到批准。

[在哪些情形下可以对人民警察采取禁闭的措施?]

人民警察有下列行为之一并不听制止，可能造成恶劣影响的，可以对其采取禁闭的措施：(1) 违抗命令，不服从指挥，可能造成严重危害的；(2) 涉嫌泄露公安工作秘密或者为犯罪嫌疑人通风报信的；(3) 威胁、恐吓、蓄意报复他人的；(4) 殴打他人或者唆使他人打人的；(5) 酗酒滋事，扰乱工作秩序和公共秩序的；(6) 其他有必要采取禁闭措施的。

禁闭的期限是 1 日以上 7 日以下。对被禁闭的人民警察，应当收回其枪支、警械和执行职务的有关证件。

▶条文参见

《公务员法》第 64 条；《公职人员政务处分法》第 8 条；《行政

机关公务员处分条例》；《人民警察警衔条例》第21、22条；《公安机关督察条例》

第四十九条 违规使用武器、警械的责任

人民警察违反规定使用武器、警械，构成犯罪的，依法追究刑事责任；尚不构成犯罪的，应当依法给予行政处分。

▶理解与适用

人民警察使用警械和武器，应当以制止违法犯罪行为，尽量减少人员伤亡、财产损失为原则，不得违反规定使用警械和武器。在使用警械和武器前，应当命令在场无关人员躲避。人民警察违反规定使用武器、警械，应当追究其行政、刑事责任。造成不应有的人员伤亡、财产损失时，应由该人民警察所属机关依照《国家赔偿法》的有关规定给予赔偿。根据《公安机关督察条例》第11条以及《公安机关督察条例实施办法》第33条的规定，督察人员在现场督察中发现公安机关的人民警察有下列违反规定使用武器、警械情形的，可以当场予以扣留：(1) 无持枪证而携带武器的；(2) 违反规定携带武器、警械进入禁止区域、场所的；(3) 违反规定配枪或持有警械的；(4) 其他违反《枪支管理法》和《人民警察使用警械和武器条例》等法律、法规和规章规定的行为，必要时，可扣留其佩带的武器、警械。

▶条文参见

《人民警察使用警械和武器条例》；《公安机关督察条例》第11条；《公安机关督察条例实施办法》第33条

第五十条 损害赔偿

人民警察在执行职务中，侵犯公民或者组织的合法权益造成损害的，应当依照《中华人民共和国国家赔偿法》和其他有关法律、法规的规定给予赔偿。

▶理解与适用

人民警察在执行职务中，给公民、法人或者其他组织的合法权益造成损害的，受害公民、法人或其他组织有权要求赔偿。受害的公民死亡，其继承人和其他有扶养关系的亲属有权要求赔偿；受害的法人或者其他组织终止的，承受其权利的法人或者其他组织有权要求赔偿。

[应予赔偿的情形]

根据《国家赔偿法》第3条、第17条的规定，人民警察在行使职权过程中有下列侵犯人身权情形之一的，受害人有权取得赔偿：(1) 违法拘留或者违法采取限制公民人身自由的行政强制措施的；(2) 非法拘禁或者以其他方法非法剥夺公民人身自由的；(3) 以殴打、虐待等行为或者唆使、放纵他人以殴打、虐待等行为造成公民身体伤害或者死亡的；(4) 违法使用武器、警械造成公民身体伤害或者死亡的；(5) 违反刑事诉讼法的规定对公民采取拘留措施的，或者依照刑事诉讼法规定的条件和程序对公民采取拘留措施，但是拘留时间超过刑事诉讼法规定的时限，其后决定撤销案件、不起诉或者判决宣告无罪终止追究刑事责任的；(6) 对公民采取逮捕措施后，决定撤销案件、不起诉或者判决宣告无罪终止追究刑事责任的；(7) 刑讯逼供或者以殴打、虐待等行为或者唆使、放纵他人以殴打、虐待等行为造成公民身体伤害或者死亡的；(8) 造成公民身体伤害或者死亡的其他违法行为。

根据《国家赔偿法》第4条、第18条的规定，人民警察在行使职权过程中有下列侵犯财产权情形之一的，受害人有权取得赔偿：(1) 违法实施罚款、吊销许可证和执照、责令停产停业、没收财物等行政处罚的；(2) 违法对财产采取查封、扣押、冻结、追缴等强制措施的；(3) 违法征收、征用财产的；(4) 造成财产损害的其他违法行为。

国家赔偿以支付赔偿金为主要方式，但是能够返还财产或者恢复原状的，予以返还财产或者恢复原状。一般由侵权人民警察所属机关负责赔偿。

[不予赔偿的情形]

根据《国家赔偿法》第5条和第19条的规定，当出现下列情形时，公安机关不承担当事人所请求的损害赔偿责任：(1) 人民警察与行使职权无关的个人行为；(2) 因公民、法人和其他组织自己的行为致使损害发生的；因公民自己故意作虚伪供述，或者伪造其他有罪证据被羁押或者被判处刑罚的；因公民自伤、自残等故意行为致使损害发生的；（3）依照《刑法》第 17 条、第 18 条规定不负刑事责任的人被羁押的；（4）依照《刑事诉讼法》第 16 条、第 177 条第 2 款、第 284 条第 2 款、第 290 条规定不追究刑事责任的人被羁押的；（5）法律规定的其他情形。

[追偿]

人民警察在行使行政职权的过程中，主观上存在故意或重大过失，国家可以追究责任人的部分或全部责任。

人民警察在行使刑事侦查职权过程中，有下列情形之一的，国家可以追究责任人的部分或全部责任：（1）刑讯逼供或者以殴打、虐待等行为或者唆使、放纵他人以殴打、虐待等行为造成公民身体伤害或者死亡的；（2）违法使用武器、警械造成公民身体伤害或者死亡的；（3）在处理案件中有贪污受贿，徇私舞弊，枉法裁判行为的。

▶条文参见

《国家赔偿法》

▶典型案例指引

邓某某申请重庆市某区公安局违法使用武器致伤赔偿案（2018 年 11 月 13 日最高人民法院发布 10 起人民法院国家赔偿和司法救助典型案例）

案件适用要点： 李某作为警察，在接到出警任务后和辅警张勇到现场，看见邓某某正持刀追砍他人，应当依法履行职责制止其不法行为。邓某某无故寻衅滋事，持刀追砍他人，其行为已严重危及他人生命安全。在警察到达现场后，邓某某不但不听从警察命令，反而在听到鸣枪警告后持刀逼向警察，导致被警察开枪打伤。从当时的情况看，邓某某的行为已危及人民警察的生命安全，故李某对邓某某的开枪行为具有合法性。国家赔偿法以切实保障人权为核心宗旨，但同时，其亦具有促进和维护国家机关及其工作人员依法行使职权的功能作用。本案中，人民警察使用武器是否合法，成为认定关键。在国家赔偿案件的审理过程中，既不能对违法行使职权的不法行为听之任之，漠视赔偿请求人的合法权益，也不能因盲目追求所谓保障人权的效果，而对国家工作人员合法正当行为过于苛责，以至于挫伤国家工作人员依法正当履职的积极性。

第八章　附　则

第五十一条　武装警察部队的任务

中国人民武装警察部队执行国家赋予的安全保卫任务。

第五十二条　施行日期

本法自公布之日起施行。1957 年 6 月 25 日公布的《中华人民共和国人民警察条例》同时废止。

公安机关执法公开规定

（2018年8月23日　公通字〔2018〕26号）

第一章　总　　则

第一条　为了规范公安机关执法公开行为，促进公安机关严格规范公正文明执法，保障公民、法人和其他组织依法获取执法信息，实现便民利民，制定本规定。

第二条　本规定适用于公安机关主动公开执法信息，以及开展网上公开办事。

公民、法人或者其他组织申请获取执法信息的，公安机关应当依照《中华人民共和国政府信息公开条例》的规定办理。

第三条　执法公开应当遵循合法有序、及时准确、便民利民的原则。

第四条　公安机关应当采取措施使社会广为知晓执法公开的范围、期限和途径，方便公民、法人和其他组织依法获取执法信息。

第五条　对涉及公共利益、公众普遍关注、需要社会知晓的执法信息，应当主动向社会公开；对不宜向社会公开，但涉及特定对象权利义务、需要特定对象知悉的执法信息，应当主动向特定对象告知或者提供查询服务。

第六条　公安机关不得公开涉及国家秘密或者警务工作秘密，以及可能影响国家安全、公共安全、经济安全和社会稳定或者妨害执法活动的执法信息。

公安机关不得向权利人以外的公民、法人或者其他组织公开涉及商业秘密、个人隐私的执法信息。但是，权利人同意公开，或者公安机关认为不公开可能对公共利益造成重大影响的，可以公开。

第七条　公安机关公开执法信息涉及其他部门的，应当在公开前与有关部门确认；公开执法信息依照国家有关规定需要批准的，应当在批准后公开。

第八条　公安机关应当对执法公开情况进行检查评估。执法信息不应当公开而公开的，应当立即撤回；公开的执法信息错误或者发生变更的，应当立即纠正或者更新；执法信息公开后可能或者已经造成严重后果的，应当依法紧急处置。

第二章　向社会公开

第九条　公安机关应当主动向社会公开下列信息：

（一）公安机关的职责权限，人民警察的权利义务、纪律要求和职业道德规范；

（二）涉及公民、法人和其他组织权利义务的规范性文件；

（三）刑事、行政、行政复议、国家赔偿等案件的受理范围、受理部门及其联系方式、申请条件及要求、办理程序及期限和对外法律文书式样，以及当事人的权利义务和监督救济渠道；

（四）行政管理相对人的权利义务和监督救济渠道；

（五）与执法相关的便民服务措施；

（六）举报投诉的方式和途径；

（七）承担对外执法任务的内设机构和派出机构的名称及其职责权限；

（八）窗口单位的办公地址、工作时间、联系方式以及民警姓名、警号；

（九）固定式交通技术监控设备的设置信息；

（十）采取限制交通措施、交通管制和现场管制的方式、区域、起止时间等信息；

（十一）法律、法规、规章和其他规范性文件规定应当向社会公开的其他执法信息。

前款第一项至第五项所列执法信息，上级机关公开后，下级公安机关可以通过适当途径使社会广为知晓。

第十条 公安机关应当向社会公开涉及公共利益、社会高度关注的重大案事件调查进展和处理结果，以及打击违法犯罪活动的重大决策和行动。但公开后可能影响国家安全、公共安全、经济安全和社会稳定或者妨害正常执法活动的除外。

第十一条 公安机关可以向社会公开辖区治安状况、道路交通安全形势、安全防范预警等信息。

第十二条 公安机关应当逐步向社会公开行政处罚决定、行政复议结果的生效法律文书。适用简易程序作出的行政处罚决定生效法律文书可以不向社会公开。

第十三条 法律文书有下列情形之一的，不得向社会公开：

（一）案件事实涉及国家秘密或者警务工作秘密的；

（二）被行政处罚人、行政复议申请人是未成年人的；

（三）经本机关负责人批准不予公开的其他情形。

第十四条 向社会公开法律文书，应当对文书中载明的自然人姓名作隐名处理，保留姓氏，名字以“某”替代。

第十五条 向社会公开法律文书，应当删除文书中载明的下列信息：

（一）自然人的住所地详址、工作单位、家庭成员、联系方式、公民身份号码、健康状况、机动车号牌号码，以及其他能够判明其身份和具体财产的信息；

（二）法人或者其他组织的涉及具体财产的信息；

（三）涉及公民个人隐私和商业秘密的信息；

（四）案件事实中涉及有伤风化的内容，以及可能诱发违法犯罪的细节描述；

（五）公安机关印章或者工作专用章；

（六）公安机关认为不宜公开的其他信息。

删除前款所列信息影响对文书正确理解的，可以用符号“×”作部分替代。

第十六条 向社会公开法律文书，除按照本规定第十四条、第十五条隐匿、删除相关信息外，应当保持与原文书内容一致。

第十七条 向社会公开执法信息，应当自该信息形成或者变更之日起20个工作日内进行。公众需要即时知晓的限制交通措施、交通管制和现场管制的信息，应当即时公开；辖区治安状况、道路交通安全形势和安全防范预警等信息，可以定期公开。法律、法规、规章和其他规范性文件对公开期限另有规定的，从其规定。

第十八条 向社会公开执法信息，应当通过互联网政府公开平台进行，同时可以通过公报、发布会、官方微博、移动客户端、自助终端，以及报刊、广播、电视等便于公众知晓的方式公布。

第十九条 向社会公开执法信息，由制作或者获取该信息的内设机构或者派出机构负责。必要时，征求政务公开、法制、保密部门的意见，并经本机关负责人批准。

第二十条 公安机关发现可能影响社会稳定、扰乱社会管理秩序的虚假或者不完整信息，应当在职责范围内及时发布准确信息予以澄清。

第三章　向特定对象公开

第二十一条 公安机关办理刑事、行政、行政复议、国家赔偿等案件，或者开展行政管理活动，法律、法规、规章和其他规范性文件规定向特定对象告知执法信息的，应当依照有关规定执行。

第二十二条 除按照本规定第二十一条向特定对象告知执法信息外，公安机关应当通过提供查询的方式，向报案或者控告的被害人、被侵害人或者其监护人、家属公开下列执法信息：

（一）办案单位名称、地址和联系方式；

（二）刑事立案、移送审查起诉、终止侦查、撤销案件等情况，对犯罪嫌疑人采取刑事强制措施的种类；

（三）行政案件受案、办理结果。

公安机关在接受报案时，应当告知报案或者控告的被害人、被侵害人或者其监护人、家属前款所列执法信息的查询方式和途径。

第二十三条 向特定对象提供执法信息查询服务，应当自该信息形成或者变更之日起 5 个工作日内进行。法律、法规和规范性文件对期限另有规定的，从其规定。

第二十四条 向特定对象提供执法信息查询服务，应当通过互联网政府公开平台进行，同时可以通过移动客户端、自助终端等方式进行。

第二十五条 向特定对象公开执法信息，由制作或者获取该信息的内设机构或者派出机构负责。

第四章 网上公开办事

第二十六条 公安机关应当开展行政许可、登记、备案等行政管理事项的网上办理。

除法律、法规、规章规定申请人应当到现场办理的事项或者环节外，公安机关不得要求申请人到现场办理。

第二十七条 网上公开办事应当提供下列服务：

（一）公开网上办事事项的名称、依据、申请条件、申请途径或者方式、申请需要提交材料清单、办理程序及期限，提供申请文书式样及示范文本；

（二）公开行政事业性收费事项的名称、依据、收费标准、办事程序和期限；

（三）网上咨询，解答相关法律政策、注意事项等常见问题；

（四）网上预约办理；

（五）申请文书的在线下载、网上制作，实现网上申请；

（六）受理情况、办理进展、办理结果等执法信息的网上查询。法律、法规、规章和其他规范性文件规定向申请人告知执法信息的，还应当依照有关规定告知。

公安机关在网上或者窗口单位接受办事事项申请时，应当告知申请人执法信息的查询方式和途径。

第二十八条 向申请人提供办事事项执法信息查询服务，应当自该信息形成或者变更之日起 5 个工作日内进行。法律、法规、规章和其他规范性文件另有规定的，从其规定。

第二十九条 开展网上公开办事，应当通过互联网政府网站进行，同时可以通过移动客户端、自助终端等方式进行。

向申请人告知办事事项执法信息，除依照法律、法规、规章和其他规范性文件规定的方式执行外，同时可以通过移动客户端、电话、电子邮件等方式告知。

第五章 监督和保障

第三十条 公安机关应当指定专门机构，负责组织、协调、推动执法公开工作，并为开展执法公开提供必要的人员、物质保障。

第三十一条 公安机关应当建立执法公开审核审批、保密审查、信息发布协调的程序和机制，实现执法公开规范化。

第三十二条 公安机关应当建设互联网政府公开平台，统一公开本机关执法信息。上级公安机关或者本级人民政府提供统一互联网公开平台的，可以通过该平台公开。

公安机关应当完善互联网政府网站办事服务功能，统一提供本机关网上办事服务。上级公安机关或者本级人民政府提供统一互联网办事服务载体的，可以通过该载体提供。

第三十三条 公安机关应当推动发展信息安全交互技术，为高效便捷开展执法公开提供技术支持。

第三十四条 公安机关应当开展执法公开满意度测评，可以通过互联网公开平台或者政府网站、移动客户端、自助终端、电话等方式进行，也可以在窗口单位现场进行。

第三十五条 公安机关可以委托第三方机构对执法公开情况进行评估，并参考评估结果改进工作。

第三十六条 公安机关应当将执法公开情况纳入执法质量考评和绩效考核范围，建立完善奖惩机制。

第三十七条 公民、法人或者其他组织认为公安机关未按照本规定履行执法公开义务的，可以向该公安机关或者其上一级公安机关投诉。

第三十八条 有下列情形之一的，应当立即改正；情节严重的，依照有关规定对主管人员和其他责任人员予以处理：

（一）未按照本规定履行执法公开义务的；

（二）公开的信息错误、不准确且不及时更正，或者弄虚作假的；

（三）公开不应当公开的信息且不及时撤回的；

（四）违反本规定的其他行为。

第六章 附 则

第三十九条 各省、自治区、直辖市公安厅、局，新疆生产建设兵团公安局可以根据本规定，结合本地实际，制定实施细则。

第四十条 本规定未涉及的公开事项，依照有关法律、法规、规章和其他规范性文件的规定执行。

第四十一条 本规定自2018年12月1日起施行，2012年8月18日印发的《公安机关执法公开规定》同时废止。

公安部关于公安机关执行《人民警察法》有关问题的解释

（1995年7月15日）

根据《全国人民代表大会常务委员会关于加强法律解释工作的决议》（一九八一年六月十日五届全国人民代表大会常务委员会第十九次会议通过）关于“不属于审判和检察工作中的其他法律、法令如何具体应用的问题，由国务院及主管部门进行解释”的规定，现对公安机关执行《中华人民共和国人民警察法》（简称人民警察法，以下同）的有关问题解释如下：

一、如何理解、执行关于盘问、检查的规定

依照人民警察法第九条的规定，公安机关的人民警察在执行追捕逃犯、侦查案件、巡逻执勤、维护公共场所治安秩序、现场调查等职务活动中，经出示表明自己人民警察身份的工作证件，即可以对行迹可疑、有违法犯罪嫌疑的人员进行盘问、检查。检查包括对被盘问人的人身检查和对其携带物品的检查。

经盘问、检查，对符合第九条规定的四种情形之一的，可以将被盘问人带至当地就近的公安派出所、县（市）公安局或城市公安分局，填写《继续盘问（留置）审批表》，经该公安机关负责人批准后继续盘问。“该公安机关负责人”是指公安派出所所长一级及其以上的领导人员。

对批准继续盘问的，应当根据被盘问人的证件或者本人提供的姓名、地址，立即书面或电话通知其家属或者所在单位，并作出记录。在盘问记录中应当写明被盘问人被带至公安机关的具体时间，盘问记录应当由被盘问人签名或者捺指印。

当被盘问人的违法犯罪嫌疑在二十四小时内仍不能证实或者排除的，应当填写《延长继续盘问（留置）审批表》，经县级以上公安机关批准，可以将留置时间延长至四十八小时。边远地区来不及书面报批的，可以先电话请示，事后补办书面手续。公安机关对于进行继续盘问和延长留置时间，应当留有批准记录。

对被盘问人依法予以拘留或者采取其他强制措施，应当在规定的时限内决定。批准继续盘问的时间和延长留置的请示以及批准时间均应当包括在二十四小时以内。对不批准继续盘问或者不批准延长留置的人，应当立即释放。释放应当留有记录，记明具体释放时间，并由被盘问人签名或者捺指印，不另发给释放证明。

经县级以上公安机关批准，公安派出所、城市公安分局和县（市）公安局可以设留置室。留置室应当具备安全、卫生、采光、通风等基本条件，配备必要的座椅和饮水等用具。在留置期间，公安机关应当保障被盘问人的合法权益，严禁对被盘问人刑讯逼供或者体罚、虐待。

对被盘问人依法采取刑事拘留或者治安拘留的，其留置时间不予折抵。

二、如何理解人民警察法第六条第（六）项关于特种行业管理的规定

人民警察法第六条第（六）项规定，公安机关的人民警察“对法律、法规规定的特种行业进行管理”。

依照这一规定，确定特种行业的依据是法律、法规。

目前列入特种行业的主要有：旅馆业、刻字业、印刷业、旧货业（包括废旧金属收购业、信托寄卖业、典当业、拍卖业）等。

三、如何理解和执行人民警察法关于领导人员任职条件的规定

人民警察法第二十八条规定：“担任人民警察领导职务的人员，应当具备下列条件：

（一）具有法律专业知识；

（二）具有政法工作经验和一定的组织管理、指挥能力；

（三）具有大学专科以上学历；

（四）经人民警察院校培训，考试合格。”

各级公安机关要认真执行关于人民警察领导人员任职条件的规定。在人民警察法实施以后，拟新任命担任县公安局一级及其以上各级领导职务的人民警察，应当依照该条规定的条件办理。现已担任人民警察领导职务的人员尚不具备第二十八条规定条件的，要采取措施进行培训达到规定的条件；经过培训仍达不到条件的要予以调整。

“具有政法工作经验”是指具有在公、检、法、司、安全等政法部门或者在党委、政府中担任主要领导职务以及主管过政法工作的经历。

四、上级公安机关如何撤销或者变更下级公安机关的错误决定

人民警察法第四十三条规定：“人民警察的上级机关对下级机关的执法活动进行监督，发现其作出的处理或者决定有错误的，应当予以撤销或者变更。”

依照该条规定，上级公安机关发现下级公安机关在进行侦查活动、治安管理或者其他公安行政管理等执法工作中作出的处理或者决定违反法律、法规、规章和公安部制订的规范性文件规定的，应当及时向该下级公安机关指出，该下级公安机关应当自行撤销或者变更原处理、决定；下级公安机关如果仍坚持原处理或者决定，应当向上级公安机关写出书面报告，上级公安机关审查后仍确认有错误的，应当以“决定”的书面形式予以撤销或者变更。

五、如何采取“停止执行职务、禁闭的措施”

人民警察法第四十八条第三款规定：“对受行政处分的人民警察，按照国家有关规定，可以降低警衔、取消警衔。对违反纪律的人民警察，必要时可以对其采取停止执行职务、禁闭的措施。”

为了避免有违法违纪行为的人民警察不听制止、可能利用职权继续危害公共安全、公民人身安全以及国家、公民利益，对有下列行为之一，经批评教育无效的人民警察，可以停止执行职务：

（一）泄露国家秘密、警务工作秘密的；

（二）弄虚作假，隐瞒案情，包庇、纵容违法犯罪活动的；

（三）刑讯逼供或者体罚、虐待人犯的；

（四）敲诈勒索或者索取、收受贿赂的；

（五）违反规定使用武器、警械的；

（六）其他有必要采取停止执行职务措施的。

对有违法违纪行为，不听制止的人民警察，有下列行为之一，可以对其禁闭：

（一）非法剥夺、限制他人人身自由，非法搜查他人的身体、物品、住所或者场所的；

（二）殴打他人或者唆使他人打人的；

（三）酗酒滋事，扰乱公共秩序的；

（四）其他有必要采取禁闭措施的。

对违法违纪的人民警察需要停止执行职务、禁闭的，由其所在的县级以上公安机关决定。对担任公安机关领导职务的人民警察需要停止执行职务、禁闭的，应当由上一级公安机关决定。

停止执行职务的期限为十五天至三个月。对被停止执行职务的人民警察，应当收缴其枪支、警械和有关证件等，不准穿警服和佩带警用标志，不准上岗执行职务。禁闭的期限为一至七天。对被禁闭的人民警察，应当收缴其枪支、警械，在禁闭室由专人负责看管。县级以上公安机关设禁闭室。停止执行职务和禁闭由县级以上公安机关纪检监察部门执行。

对被采取停止执行职务、禁闭措施的人民警察，应当填写停止执行职务、禁闭登记表，连同随后作出的处理意见一并报上一级纪检监察部门备案。对于采取禁闭措施的，应当通知其家属。

公安部关于《人民警察法》第十四条规定的“保护性约束措施”是否包括使用警械的批复

（2002 年 2 月 22 日　公法〔2002〕32 号）

铁道部公安局：

你局《关于〈人民警察法〉第十四条规定的“保护性约束措施”是否包

括使用警械的请示》收悉。现批复如下：

《人民警察法》第十四条规定的“公安机关的人民警察对严重危害公共安全或者他人人身安全的精神病人，可以采取保护性约束措施”包括使用警绳、手铐等约束性警械。

公安机关组织管理条例

（2006 年 11 月 1 日国务院第 154 次常务会议通过　2006 年 11 月 13 日中华人民共和国国务院令第 479 号公布　自 2007 年 1 月 1 日起施行）

第一章　总　　则

第一条　为了规范公安机关组织管理，保障公安机关及其人民警察依法履行职责，根据《中华人民共和国公务员法》、《中华人民共和国人民警察法》，制定本条例。

第二条　公安机关是人民民主专政的重要工具，人民警察是武装性质的国家治安行政力量和刑事司法力量，承担依法预防、制止和惩治违法犯罪活动，保护人民，服务经济社会发展，维护国家安全，维护社会治安秩序的职责。

第三条　公安部在国务院领导下，主管全国的公安工作，是全国公安工作的领导、指挥机关。

县级以上地方人民政府公安机关在本级人民政府领导下，负责本行政区域的公安工作，是本行政区域公安工作的领导、指挥机关。

第四条　公安机关实行行政首长负责制。

第二章　公安机关的设置

第五条　县级以上人民政府公安机关依照法律、行政法规规定的权限和程序设置。

第六条　设区的市公安局根据工作需要设置公安分局。市、县、自治县公安局根据工作需要设置公安派出所。

公安分局和公安派出所的设立、撤销，按照规定的权限和程序审批。

第七条　县级以上地方人民政府公安机关和公安分局内设机构分为综合管

理机构和执法勤务机构。

执法勤务机构实行队建制，称为总队、支队、大队、中队。

第八条 县级以上地方人民政府公安机关和公安分局内设机构的设立、撤销，按照国家规定的权限和程序审批。

第九条 看守所、拘留所、戒毒所、收容教育所依照法律、行政法规的规定设置。

第三章 公安机关人民警察职务

第十条 公安机关人民警察职务分为警官职务、警员职务和警务技术职务。

第十一条 公安机关履行警务指挥职责的人民警察实行警官职务序列。

公安机关领导成员和内设综合管理机构警官职务由高至低为：省部级正职、省部级副职、厅局级正职、厅局级副职、县处级正职、县处级副职、乡科级正职、乡科级副职。

公安机关内设执法勤务机构警官职务由高至低为：总队长、副总队长、支队长、副支队长、大队长、副大队长、中队长、副中队长。

县级以上地方人民政府公安机关派出机构、内设执法勤务机构和不设区的市、县、自治县公安局根据工作需要，可以设置主管政治工作的政治委员、教导员、指导员等警官职务。

第十二条 公安机关履行警务执行职责的人民警察实行警员职务序列。

公安机关及其内设综合管理机构警员职务由高至低为：巡视员、副巡视员、调研员、副调研员、主任科员、副主任科员、科员、办事员。

公安机关内设执法勤务机构警员职务由高至低为：一级警长、二级警长、三级警长、四级警长、一级警员、二级警员、三级警员。

第十三条 公安机关从事警务技术工作的人民警察实行警务技术职务序列。警务技术职务的设置，按照国家规定执行。

第十四条 公安机关人民警察的级别，根据所任职务及其德才表现、工作实绩和资历确定。

第十五条 公安机关人民警察职务与级别的对应关系，由国务院另行规定。

第十六条 公安机关人民警察任职，应当符合国家规定的任职资格条件。

第十七条 县级以上地方人民政府公安机关正职领导职务的提名，应当事先征得上一级公安机关的同意。

县级以上地方人民政府公安机关副职领导职务的任免，应当事先征求上一级公安机关的意见。

第十八条 公安机关内设机构警官职务、警员职务的任免，由本公安机关按照干部管理权限决定或者报批。

公安分局领导成员职务以及公安派出所警官职务、警员职务的任免，由派出公安分局、公安派出所的公安机关决定。

第四章　公安机关的编制和经费

第十九条　公安机关人民警察使用的国家行政编制，实行专项管理。

第二十条　公安部根据工作需要，向国务院机构编制管理机关提出公安机关编制的规划和调整编制的意见，由国务院机构编制管理机关审核，按照规定的权限和程序审批。

第二十一条　省、自治区、直辖市人民政府根据工作需要，可以向国务院机构编制管理机关提出调整公安机关编制的申请。

国务院机构编制管理机关对省、自治区、直辖市人民政府调整公安机关编制的申请，征求公安部意见后进行审核，按照规定的权限和程序审批。

第二十二条　公安机关根据工作需要，经中央公务员主管部门或者省、自治区、直辖市公务员主管部门批准，可以对专业性较强的职位和辅助性职位实行聘任制。但是，对公安执法职位或者涉及国家秘密的职位，不实行聘任制。

第二十三条　公安机关应当按照国家规定，将各项罚没收入和行政事业性收费收入全额上缴财政。

县级以上人民政府按照国家规定的经费项目和标准，将公安机关经费列入财政预算，实行全额保障，并对经济困难地区的公安工作给予必要的经费支持。

第五章　公安机关人民警察管理

第二十四条　公安机关录用人民警察实行考试录用制度。

公安机关录用的人民警察应当符合国家规定的条件。

第二十五条　公安部机关及其实行公务员制度的直属机构人民警察录用考试，由中央公务员主管部门负责组织。

县级以上地方人民政府公安机关人民警察录用考试，由省、自治区、直辖市公务员主管部门负责组织。县级以上地方人民政府公安机关按照国家规定，承担相应的录用工作。

第二十六条　调任、转任到公安机关担任人民警察职务的，应当符合担任公安机关人民警察的条件和拟任职位所要求的资格条件。

公安机关应当对调任、转任人选进行严格考察，并按照管理权限审批。必要时，可以对调任人选进行考试。

第二十七条 公安机关人民警察实行警衔制度。公安机关授予警衔的人员应当是使用国家专项编制的在职人员。

第二十八条 公安机关按照管理权限对人民警察进行考核。

考核结果作为调整公安机关人民警察职务、级别、工资以及辞退、奖励、培训的依据。

第二十九条 公安机关人民警察应当经过公安院校等人民警察培训机构培训并考试、考核合格，方可任职、晋升职务、授予警衔、晋升警衔。

公安机关应当组织人民警察接受国家规定的培训。

第三十条 公安机关人民警察有下列情形之一的，应当予以辞退：

（一）在年度考核中，连续两年被确定为不称职的；

（二）不胜任现职工作，又不接受其他安排的；

（三）因所在公安机关调整、撤销、合并或者缩减编制员额需要调整工作，本人拒绝合理安排的；

（四）不履行人民警察义务，不遵守人民警察纪律，经教育仍无转变，不适合继续在公安机关工作，又不宜给予开除处分的；

（五）旷工或者因公外出、请假期满无正当理由逾期不归连续超过 15 天，或者 1 年内累计超过 30 天的。

第三十一条 公安机关人民警察有下列情形之一的，不得辞退：

（一）因公致残，被确认丧失或者部分丧失工作能力的；

（二）患病或者负伤，在规定的医疗期内的；

（三）女性人民警察在孕期、产假、哺乳期内的；

（四）法律、行政法规规定的其他不得辞退的情形。

第三十二条 公安机关人民警察个人或者集体在工作中表现突出，有显著成绩和特殊贡献的，应当根据国家规定给予奖励。

奖励分为：嘉奖、记三等功、记二等功、记一等功、授予荣誉称号。

对受奖励的公安机关人民警察，可以根据国家规定提前晋升警衔，并给予一次性奖金或者其他待遇。

拟以国务院名义授予荣誉称号的，由人事部审核后报国务院审批；拟授予全国公安系统一级英雄模范称号的，由人事部会同公安部审批；拟授予全国公安系统二级英雄模范称号的，由公安部依据国家有关规定审批。

第三十三条 公安机关人民警察违法违纪的，应当根据国家规定给予处分；构成犯罪的，依法追究刑事责任。

处分分为：警告、记过、记大过、降级、撤职、开除。

对受处分的公安机关人民警察，根据国家规定降低警衔或者取消警衔。

对公安机关人民警察的处分由任免机关或者监察机关决定。

第三十四条 公安机关人民警察对涉及本人的人事处理决定不服，或者认为有关部门及其领导人员侵犯其合法权益的，可以依法申请复核，提出申诉或者控告。

第六章　公安机关人民警察待遇

第三十五条　公安机关人民警察享受国家规定的符合其职业特点的工资待遇。

第三十六条　公安机关人民警察实行国家规定的保险制度，保障其在退休、患病、工伤、生育、失业等情况下获得帮助和补偿。

第三十七条　公安机关人民警察因公致残的，应当享受必要的治疗、康复，其中被评定残疾的人员享受国家规定的抚恤和优待。

公安机关人民警察因公牺牲或者病故的，其家属享受国家规定的抚恤和优待。

第三十八条　公安机关人民警察实行国家规定的工时制度和休假制度。

公安机关人民警察在法定工作日之外工作的，应当补休；不能补休的，应当给予补助，具体办法由人事部会同财政部规定。

第三十九条　公安机关人民警察达到国家规定的退休年龄或者完全丧失工作能力的，应当退休。

公安机关人民警察符合国家规定的提前退休条件的，本人自愿提出申请，经任免机关批准，可以提前退休。

第四十条　公安机关人民警察退休后，享受国家规定的退休金和其他福利待遇。

第七章　附　　则

第四十一条　新疆生产建设兵团的公安机关和经批准参照《中华人民共和国公务员法》管理的公安机关所属事业单位的组织管理，适用本条例。

第四十二条　本条例自 2007 年 1 月 1 日起施行。

公安机关人民警察内务条令

（2021 年 10 月 28 日公安部令第 161 号公布　自公布之日起施行）

第一章　总　　则

第一条　为了规范公安机关人民警察内务建设，推进新时代公安工作现代化和公安队伍革命化正规化专业化职业化建设，根据《中华人民共和国人民警察法》等法律法规，制定本条令。

第二条 本条令是公安机关内务建设的基本依据，适用于各级公安机关及所属人民警察（以下简称公安民警）。

第三条 内务建设是公安机关进行各项建设的基础，是巩固和提高公安队伍战斗力的重要保证。基本任务是，严格规范工作、学习、生活秩序，铸牢忠诚警魂、培育优良警风、严明纪律规矩、提高职业素养、树立良好形象，着力锻造具有铁一般的理想信念、铁一般的责任担当、铁一般的过硬本领、铁一般的纪律作风的高素质专业化过硬公安队伍，为忠实履行党和人民赋予的新时代使命任务奠定坚实基础。

第四条 公安机关是人民民主专政的重要工具，人民警察是武装性质的国家治安行政力量和刑事司法力量。公安机关必须坚持用习近平新时代中国特色社会主义思想武装头脑、指导实践，确保公安工作沿着正确道路前进；必须坚持党对公安工作的绝对领导，确保公安工作坚定正确政治方向；必须坚持总体国家安全观，把维护以政权安全、制度安全为核心的国家政治安全作为公安工作的根本着眼点和着力点，坚决捍卫中国共产党长期执政地位和中国特色社会主义制度；必须坚持以人民为中心，忠实践行人民公安为人民的初心和使命，不断增强人民群众获得感、幸福感、安全感；必须坚持专项治理和系统治理、依法治理、综合治理、源头治理相结合，创新完善社会治安治理的方式方法，推进社会治理现代化；必须坚持严格规范公正文明执法，提高公安工作法治化水平和执法公信力；必须坚持改革创新，坚定不移走中国特色社会主义强警之路；必须坚持全面从严管党治警，按照对党忠诚、服务人民、执法公正、纪律严明的总要求，锻造一支让党中央放心、人民群众满意的高素质过硬公安队伍。公安机关肩负的新时代使命任务是，坚决捍卫政治安全、全力维护社会安定、切实保障人民安宁，为全面建设社会主义现代化国家，实现中华民族伟大复兴的中国梦创造安全稳定的政治社会环境。

第五条 公安机关内务建设必须坚持政治建警。必须坚决听从党中央命令、服从党中央指挥，贯彻党对公安工作的全方位领导。必须增强“四个意识”、坚定“四个自信”、做到“两个维护”，以党的旗帜为旗帜、以党的方向为方向、以党的意志为意志，始终在思想上政治上行动上同党中央保持高度一致，确保绝对忠诚、绝对纯洁、绝对可靠。

第六条 公安机关内务建设必须坚持改革强警。坚持向改革要动力、要活力，全面深化公安工作和公安队伍管理改革。坚持把抓改革任务落实落地作为重大政治责任，坚决维护党中央改革决策部署的权威性和严肃性。

第七条 公安机关内务建设必须坚持科技兴警。坚持向科技要警力、要战斗力，深化公安大数据智能化建设应用，建设智慧公安。

第八条 公安机关内务建设必须坚持从严治警。落实全面从严管党治警"两个责任"和领导干部"一岗双责"，严明警规警令，严肃警风警纪，严格行为规范。

第九条 公安机关内务建设必须坚持从优待警。坚持严管厚爱结合、激励约束并重，建立人民警察荣誉制度，完善职业保障体系，健全依法履职保护机制。

第十条 公安机关内务建设必须坚持战斗力标准，加强专业化建设，突出实战实用实效，提升公安民警职业素质能力。

第十一条 各级公安机关党委（党组）对本条令的贯彻落实负有主体责任，党委（党组）主要负责同志负有第一责任，各部门、警种和基层所队担负直接责任，政工、纪检监察、督察部门担负监督责任，应当分级负责、各司其职，加强监督检查，认真贯彻落实。

第二章 仪 式

第一节 荣誉仪式

第十二条 县级以上公安机关按照干部管理权限，在公安民警入警、评授警衔、表彰奖励、从警特定年限、退休等职业生涯重要节点，举行相应的荣誉仪式，增强公安民警的职业荣誉感、自豪感和归属感。

第十三条 举行荣誉仪式应当在县级以上公安机关党委（党组）统一领导下，由相关部门具体组织实施。

第十四条 举行荣誉仪式，应当充分体现人民警察职业特点，根据工作需要，做到隆重、庄严、简朴。

第二节 宪法宣誓

第十五条 公安机关下列人员应当进行宪法宣誓：

（一）公安机关新任命的领导干部；

（二）新入职的公安民警。

各级人民代表大会及县级以上各级人民代表大会常务委员会，以及各级人民政府对公安机关国家工作人员宪法宣誓另有规定的，从其规定。

第十六条 宪法宣誓仪式的基本要求：

（一）宪法宣誓仪式由任命机关组织；

（二）举行宪法宣誓仪式，应当根据干部管理权限确定监誓人、主持人；

（三）宣誓场所应当庄重、严肃，悬挂中华人民共和国国旗或者国徽；

（四）监誓人、领誓人、宣誓人和参加宣誓仪式的公安民警，穿着统一制式的人民警察服装（以下简称警服），其他人员穿着正装；

（五）举行宪法宣誓仪式，应当奏唱中华人民共和国国歌；

（六）宪法宣誓一般采取集体宣誓形式，根据需要，也可以采取单独宣誓的形式。

集体宣誓时，由一人领誓，领誓人面向国旗或者国徽站立，左手抚按《中华人民共和国宪法》，右手举拳，拳心向前，领诵誓词；其他宣誓人在领誓人身后整齐站立，面向国旗或者国徽，右手举拳，拳心向前，跟诵誓词。领誓人由宣誓仪式组织单位指定。

单独宣誓时，宣誓人面向国旗或者国徽站立，左手抚按《中华人民共和国宪法》，右手举拳，拳心向前，诵读誓词。

第三节　人民警察宣誓

第十七条　人民警察宣誓是公安民警对所肩负的神圣职责和光荣使命的庄严承诺。公安机关人民警察誓词是：

我是中国人民警察，我宣誓：坚决拥护中国共产党的绝对领导，矢志献身崇高的人民公安事业，对党忠诚、服务人民、执法公正、纪律严明，为捍卫政治安全、维护社会安定、保障人民安宁而英勇奋斗！

第十八条　公安民警新入职时应当进行宣誓，举行荣誉仪式、执行重大任务、参加重大纪念、庆典等活动时，可以组织宣誓。

第十九条　人民警察宣誓仪式的基本要求：

（一）宣誓场地应当庄重、严肃，一般应悬挂中华人民共和国国旗和中国人民警察警旗；

（二）参加宣誓仪式的公安民警穿着警服，其他人员穿着正装；

（三）举行人民警察宣誓仪式，应当奏（唱）中华人民共和国国歌和中国人民警察警歌；

（四）宣誓人立正，右手举拳，拳心向前，由预先指定的一名宣誓人担任领誓人，在队列前逐句领诵誓词，其他人跟诵誓词，誓词宣读完毕，宣誓人自报姓名；

（五）宣誓仪式可以结合授衔、授装等活动进行。结合授衔、授装进行的，应当先授衔、授装；

（六）宣誓仪式可以邀请公安民警家属或者群众代表参加。

新入职的公安民警宣誓仪式由县级以上公安机关政工部门或者委托承训公安院校、训练基地组织，一般在入警训练合格后、上岗工作前进行。宣誓前，应当对宣誓人进行公安机关性质、宗旨、任务、纪律、作风等集体教育。

第三章　内部关系

第一节　相互关系

第二十条　公安民警不论职务高低，在政治上一律平等，相互间是同志关系。

第二十一条　公安民警依据领导职务和警衔，构成上级与下级或者同级关系。领导职务高的是上级，领导职务低的是下级，领导职务相当的是同级；在没有领导职务或者难以确定领导职务高低时，警衔高的是上级，警衔低的是下级，警衔相同的是同级。

第二十二条　上下级之间、同级之间应当互相尊重、互相爱护、互相支持，努力构建团结、友爱、和谐、纯洁的内部关系。

第二十三条　上级对下级应当做到：

（一）公道正派，以身作则，率先垂范；

（二）严格教育，严格管理，严格监督；

（三）关心学习、工作和生活，帮助成长进步；

（四）尊重合理意见，维护合法权益，不压制民主，不打击报复；

（五）不打骂体罚和侮辱，不收受财物；

（六）关爱身心健康，帮助解决实际困难，努力消除后顾之忧。

第二十四条　下级对上级应当做到：

（一）服从命令，听从指挥；

（二）履职尽责，主动汇报；

（三）虚心接受批评，坚决改正错误；

（四）尊重上级，维护上级权威；

（五）积极建言献策，坚决完成好交办的各项工作任务。

第二十五条　上级（机关）应当对下级（机关）的各项建设和业务工作加强指导、明确要求，及时通报情况、检查督办和抓好落实。下级（机关）应当按照上级（机关）要求进行各项建设、完成业务工作，及时向上级机关汇报情况、报告工作、提出建议。

第二十六条　公安机关之间以及各警种、部门之间，应当按照职责分工，密切配合，互相支持，协调一致开展工作。

第二节　指挥关系

第二十七条　上级（机关）有权对下级（机关）下达命令。命令通常逐级下达，情况紧急时，也可以越级下达。越级下达命令时，除特殊情况外，下达命令的上级（机关）应当将所下达命令及时通知受令者的直接上级（机关）。

命令下达后，上级（机关）应当及时检查执行情况；如果情况发生变化，应当及时下达补充命令或者新的命令。

第二十八条 下级（机关）必须坚决执行上级（机关）的命令，并将执行情况及时报告。下级（机关）认为命令有错误的，可以提出意见，上级（机关）应当及时给予答复。在没有明确答复之前，下级（机关）不得中止或者改变命令的执行；提出的意见不被采纳时，必须服从命令。执行命令的后果由作出命令的上级（机关）负责。

执行中如果情况发生重大变化，原命令确实无法继续执行而又来不及或者无法请示报告上级（机关）时，下级（机关）应当根据上级（机关）的精神要求，以高度负责的态度，果断临机处置，事后迅速报告。

下级（机关）对超越法律法规规定的职责范围的命令，有权拒绝执行，并同时向下达命令的上级（机关）报告。

第二十九条 下级（机关）接到越级下达的命令，必须坚决执行。除有明确要求外，在执行的同时，应当向直接上级（机关）报告；因故不能及时报告的，应当在不能报告的情形解除后 24 小时内补报。

第三十条 不同建制的公安民警在共同执行任务时，应当服从共同上级所指定负责人的领导和指挥。

公安民警处置突发事件或者遇有紧急情况，在建制不明时，依据领导职务和警衔确定领导指挥关系。

第三十一条 公安民警被临时抽调到其他单位工作时，应当接受抽调单位的领导和管理，除有特殊要求外，须定期向原单位报告。

第四章 警容风纪

第一节 着装规范

第三十二条 公安民警着装，是指公安机关人民警察按规定穿戴警服和警用标志。

公安民警应当配套穿着警服，佩戴警衔、警号等标志，做到着装整洁庄重、警容严整、规范统一。

未经审批，非人民警察身份人员不得穿着警服，不得佩戴警用标志。

第三十三条 公安民警在规定的工作时间应当按要求着装。遇有下列情形之一的，可以不着装：

（一）执行侦查（察）、警卫、外事等特殊工作任务不宜着装的；

（二）工作时间非因公外出的；

（三）女性民警怀孕期间；

（四）其他不宜或者不需要着装的情形。

第三十四条 公安民警因涉嫌违纪违法被留置、停止执行职务、禁闭期间，或者被采取刑事强制措施和其他可能影响人民警察形象声誉的情形，不得着装。

第三十五条 公安民警调离、辞职或者被辞退、开除公职的，应当收回所配发的人民警察证、警服和警衔、警号等警用标志。公安民警退（离）休的，可以保留一套常服和警衔、警号等警用标志作为纪念。

县级以上公安机关负责统一回收警服及警用标志。

第三十六条 公安民警应当根据工作时间和场合需要着装。在工作时间，一般穿着执勤类服装；参加训练时，穿着作训类服装；参加荣誉仪式、宣誓、阅警、重要会议等活动时，穿着常服或者警礼服；参加重大纪念、庆典、外事等活动时，穿着警礼服。主管（主办）单位也可根据工作需要作出规定。

公安民警参加集体活动的统一着装，由活动组织单位确定。

警服的主要品种、穿着规范图示由公安部政治部和警服主管部门另行发布。

第三十七条 公安民警着装时应当严格遵守以下规定：

（一）按照规定配套穿着，不同制式警服不得混穿，警服与便服不得混穿，警服内穿着非制式服装时，不得外露；

（二）按照规定缀钉、佩戴警衔、警号、胸徽、帽徽、领花、从警章等标志，系扎制式腰带，不同制式警用标志不得混戴。除工作需要外，不得佩戴、系挂与公安民警身份或者执行公务无关的标志、物品；

（三）除执行抢险救灾等工作任务外，应当保持警服整洁得体，不得披衣、敞怀、挽袖、卷裤腿等；

（四）除工作需要或者其他特殊情形外，应当穿制式皮鞋、作训鞋或者其他黑色皮鞋，穿深色袜子，不得赤脚穿鞋或者赤脚。男性民警鞋跟一般不高于3厘米，女性民警鞋跟一般不高于4厘米；

（五）除工作需要或者其他特殊情形外，不得化浓妆，不得留长指甲或者染指甲，不得系扎非制式围巾，不得在外露的腰带上系挂手机、钥匙和饰物等，不得戴耳环、耳钉、项链、戒指、腕饰等。除工作需要外，不得文身，不得穿耳洞（女性民警除外）、鼻洞、唇洞；

（六）除工作需要或者眼疾外，不得佩戴有色眼镜；

（七）不得穿戴非统一制式的警服及标志；

（八）未经县级以上公安机关批准，不得穿着警服参加各类电视或者网络征婚、选秀和其他娱乐性节目。

第三十八条 除工作需要外，公安民警不得烫染、蓄留明显夸张的发色、发型。男性民警不得留长发、大鬓角、卷发（自然卷除外）、蓄胡须。除病理等因素外，公安民警不得剃光头。留长发的女性民警着装时应当束发，发辫不得过肩。

第三十九条 公安民警着装时，除在办公区、宿舍或者其他特殊情形外，应当戴警帽。

进入室内时，通常脱帽。立姿可以将警帽用左手托夹于左腋下（帽顶向体外侧，帽徽朝前）；坐姿可以将警帽置于桌（台）前沿左侧或者用左手托放于左侧膝上（帽顶向上，帽徽朝前）。

在办公室和宿舍时，应当将警帽规范放置。

第四十条 公安民警着装需佩戴统一颁发的徽章以及特殊识别标志或者专用臂章时，执行下列规定：

（一）佩戴党员、团员徽章时，应当佩戴于警服左胸前警号正上方适当位置；

（二）参加授勋授奖、重大纪念、庆典等重要活动时，可以在警服胸前适当位置佩戴勋章、奖章、纪念章；

（三）参加重要会议、重大演习和其他重要活动时，可以按照要求佩戴专用识别标志；

（四）执行维稳处突、抢险救灾等任务时，可以按照要求佩戴专用臂章；

（五）公安院校在校学生可以佩戴院（校）徽章。

第四十一条 在雾霾、有毒、粉尘、辐射、感染、噪声、强光、高温、低温、沙尘等环境下或者根据工作需要，公安民警应当穿戴手套、口罩、面罩、防护服、护目镜等防护装备。

第四十二条 公安民警应当爱护和妥善保管警服及警衔、警号、胸徽、帽徽、领花等标志，不得赠送、转借给非人民警察身份人员。

第四十三条 公安民警季节换装的时间和要求由设区的市级以上公安机关根据需要合理确定。

第四十四条 因工作需要，退（离）休公安民警参加重大纪念、庆典等活动时，可以穿着退（离）休时的制式服装，佩戴工作期间和退（离）休后荣获的勋章、奖章等徽章。

公安院校公安专业学生着装时，参照上述规定执行。

第四十五条 因拍摄、制作影视作品或者演出等需要，使用警服及警用标志的，应当按规定履行审批程序，并严格保管。

批准机关应当按照本条令指导影视制作、文艺演出单位严格遵守公安机关着装要求，不得损害公安机关和公安民警形象。非拍摄、演出时不得使用。

第二节 行为规范

第四十六条 公安民警应当模范遵守法律法规，自觉践行社会主义核心价值观。

第四十七条 公安民警应当精神饱满，仪表端庄，举止文明。

第四十八条 两名以上公安民警着装外出时，一般两人成行、三人成列，行列整齐，威严有序。徒步巡逻执勤可视现场情况采取有效警戒队形行进。

第四十九条 公安民警着装时，不得在公共场所吸烟，不得嬉笑打闹、高声喧哗，不得有背手、袖手、插兜、搭肩、挽臂、揽腰等影响警容形象的行为，不得随意席地坐卧。

第五十条 公安民警参加统一组织的集会、会议或者晚会的，按照规定时间和顺序入场，按照指定位置就座，遵守会场秩序，不得迟到早退。散会时，依次退场。

第五十一条 公安民警外出，应当遵守公共秩序和社会公德，自觉维护人民警察的形象和声誉。与他人发生纠纷时，应当依法处理。

第五十二条 公安民警遇到人民群众生命财产安全受到威胁时，应当积极救助或者寻求支援。

第五十三条 公安民警工作时间不得饮酒，不得携带枪支饮酒，未经批准，不得穿着警服饮酒。

第五十四条 公安民警严禁参与黄、赌、毒活动，严禁参加邪教组织，严禁参与封建迷信活动，除工作需要外，严禁参与宗教活动。工作期间，除工作需要外，不得进入歌舞娱乐场所娱乐；穿着警服进入歌舞娱乐场所的，应当自觉维护人民警察警容风纪。

第五十五条 公安民警不得散布有损宪法权威、中国共产党和国家声誉的言论，不得组织或者参加非法组织，不得组织或者参加旨在反对宪法、中国共产党领导和国家的集会、游行、示威等活动，不得传抄、张贴、私藏非法印刷品，不得组织或者参加罢工、串联上访。未经批准，不得接受采访。

第五十六条 公安民警不得接受对工作有影响的宴请和礼品馈赠，不得从事本职以外的其他职业和有偿中介活动，不得参与以营利为目的的文艺演出、企业形象代言等活动，不得以人民警察的名义和肖像做商业广告。

第五十七条 公安民警使用网络社交媒体不得有下列行为：

（一）制作、传播与党的理论、路线、方针、政策相违背的信息和言论；

（二）制作、传播诋毁中国共产党、国家和公安机关形象的信息和言论；

（三）制作、传播低俗信息、不实信息和不当言论；

（四）制作、传播、讨论国家秘密、工作秘密或者内部敏感信息；

（五）擅自发布涉及警务工作秘密的文字、图片、音视频；

（六）未经批准，以人民警察身份开设微博、微信等网络社交平台公众号，个人微博、微信等网络社交媒体头像使用公安机关标志与符号；

（七）利用网络社交工具的支付、红包、转账等功能变相进行权钱交易；

（八）利用网络社交媒体进行不正当交往，非工作需要加入有明显不良倾向的微信群、论坛等网络社交群体；

（九）利用网络社交媒体从事其他与法律法规、党纪条规和党的优良传统相违背的活动。

第五十八条　公安民警不得擅自处置公安信息网信息。确需删除、更改的，应当严格按规定履行审批手续。

第三节　警容风纪检查

第五十九条　公安机关应当经常开展警容风纪教育，建立健全监督检查制度。

第六十条　县级以上公安机关应当加强对警容风纪的日常监督检查，并且定期组织集中检查，及时发现并纠正问题。

对违反警容风纪的公安民警，由督察部门按规定处理。

第五章　警察礼节

第六十一条　公安民警应当注重内部礼节，充分体现公安机关内部的团结友爱和互相尊重。

第六十二条　公安民警敬礼分为举手礼和注目礼。着装时通常行举手礼，正在执行任务或者携带武器装备等不便行举手礼时，可以行注目礼。着便服时，通常行注目礼。

第六十三条　公安民警着装进见或者遇见上级机关领导时，应当主动敬礼。上级机关领导受礼后，应当主动回礼。

第六十四条　列队的公安民警遇有上级检查指导工作，带队人员应当主动向上级敬礼和报告，其他人员行注目礼。

第六十五条　公安民警进见或者遇见本单位经常接触的领导以及在不便敬礼的场合时，可不行举手礼，应当主动致意，领导应当主动回礼。

第六十六条　公安民警交接岗时，应当互相敬礼；不同单位的公安民警因公接触时，应当互相致意。

第六十七条　公安民警因工作需要与人民群众、党政机关工作人员或者外宾接触时，应当主动致意或者敬礼。

第六十八条　升国旗、警旗时，在场的公安民警应当面向国旗、警旗立正，着装的行举手礼，着便服的行注目礼。

第六十九条 奏（唱）中华人民共和国国歌、中国人民警察警歌时，在场的公安民警应当自行立正，举止庄重，肃立致敬。

第六章 日常制度

第一节 学 习

第七十条 公安机关应当加强理论武装，强化公安民警政治历练、思想淬炼、实践锻炼、专业训练，建设学习型机关。

第七十一条 学习内容应当根据形势任务和履职需要科学安排，主要包括政治理论、政策法规、公安业务、科技知识、警务技能等。

第七十二条 公安机关应当突出政治理论学习，把习近平新时代中国特色社会主义思想、党中央关于加强新时代公安工作的决策部署作为重点学习内容，确保全警坚定理想信念、筑牢政治忠诚，统一意志、统一行动、步调一致向前进。

第七十三条 公安机关应当定期制订学习计划，统筹安排时间和形式，采取集体学习与个人自学相结合的方式进行，创新学习方法，注重学习效果，检查学习情况。

公安机关应当结合工作需要，每月至少组织一次集中学习。

第二节 会 议

第七十四条 公安机关应当坚持精简高效、厉行节约、讲求实效的原则，从严控制会议数量、时间和规模、标准。

第七十五条 设区的市级以上公安机关每年应当召开一次年度工作会议，传达学习党中央和上级机关有关精神和决策部署，研究安排本级公安机关重点工作任务。

县级公安机关每年至少召开一次全体大会或者公安民警代表会议，及时总结工作、表彰先进、部署任务。

公安机关召开年度工作会议时，可以根据工作需要邀请人民群众代表和有关部门参加。

第七十六条 基层所队等一线实战单位应当建立工作例会制度，及时梳理情况、总结点评、安排布置工作。

第七十七条 公安机关应当严格按照规定组织会议，严肃会议纪律，不得组织与会议无关的活动，不得超标准用餐、住宿，严禁以任何名义发放礼品、纪念品、土特产，严禁组织高消费娱乐、健身、聚餐、参观景点等活动。

第三节 请示报告

第七十八条 公安机关必须认真落实中国共产党政法工作条例、重大事项请示报告条例等规定，建立严格的请示报告制度，明确请示报告主体、范围、程序和方式等，严明党的政治纪律、组织纪律和工作纪律，确保政令警令畅通。

请示报告工作应当坚持政治导向，严格政治纪律和政治规矩，把讲政治要求贯彻到请示报告工作全过程和各方面；坚持权责明晰，既要及时请示报告，又要负责担当，防止矛盾问题上交；坚持客观真实、实事求是请示报告工作，提出意见建议；坚持规范有序，严格按规定的主体、范围、程序和方式请示报告工作。

第七十九条 下级机关对非本单位职权范围或者本单位无法解决的问题，应当及时请示上级机关。请示报告可以根据事项类型和缓急程度采取口头、书面等方式进行。对于口头请示报告的事项，双方应当及时做好记录。

公安机关主要负责同志是第一责任人，对请示报告事项负总责。

上级机关对下级机关的请示事项，应当认真研究、及时答复。

第八十条 请示报告应当逐级进行。特殊情况下，可以按照有关规定越级请示报告。

接受双重领导的单位，应当根据事项性质和内容向负有主要领导职责的上级机关请示报告，同时抄报另一个上级机关。特殊情况下，可以不抄报。

第八十一条 下级机关一般每半年向上级机关报告公安工作和公安队伍建设的基本情况。

遇有下列情形时，应当在规定时限内及时向上级机关报告，任何单位和个人不得以任何理由瞒报、虚报、迟报或者不报：

（一）发生危害国家安全和影响社会稳定的案（事）件；

（二）发生重特大刑事案件；

（三）发生重特大群体性事件；

（四）发生重特大事故灾难；

（五）发生恐怖袭击事件；

（六）发生重特大涉外突发事件；

（七）发生重特大自然灾害、疫情；

（八）发生重大涉警舆情；

（九）发生公安民警伤亡事件（故）、重大违纪违法、公务用枪案事（件）和执法权威受到侵犯的重大案（事）件。

第四节　请假销假

第八十二条　公安机关主要负责同志离开本地区，应当提前向上级机关主要负责同志请假。因紧急事项临时请假的，应当立即按规定报告。

公安机关主要负责同志、分管日常工作的负责同志（含双正职领导）原则上不能同时离开本地区。

公安机关主要负责同志请假内容包括：请假人员、事由、时间、地点等，主持工作的负责同志及其相关信息。请假期间如行程发生变化的，应当及时补充报告。

公安机关领导干部异地执行任务需离开任务地的，应当及时向所在单位或者任务派出单位有关负责同志请假。

第八十三条　公安民警工作时间非因公外出，应当逐级请假、按时销假，未经批准，不得擅自离岗。因伤、病或者其他原因不能按时上班时，应当及时请假。

第八十四条　公安民警执行特殊或者紧急任务时，非因不可抗拒的原因，不得请假。

第八十五条　请假人员未经批准，不得逾期不归。确有特殊情况的，经批准后可以续假，

第八十六条　对伤、病人员，根据伤、病情况或者医院诊疗建议，按规定审批后准予休息。

第八十七条　请假人员在请假期间应当保持通讯畅通。除特殊情况外，因工作需要召回的，应当立即返回工作岗位。

第五节　工作交接

第八十八条　公安民警在工作变动、退休、辞职或者被辞退、开除公职时，应当将所负责的工作情况和掌管的文件、材料、证件、武器、弹药、器材、数字证书等进行移交，清退涉密载体，并按规定执行脱密期管理和监督。移交工作应当在本人离开工作岗位前完成。

移交前，所在单位领导应当指定接管人。交接时，双方当面清点，必要时由单位领导主持或者请纪检监察等有关部门参加；交接后，双方在交接登记册（表）上签字。

第八十九条　公安机关或者警种、部门主要负责同志和其他负有经济责任的领导干部办理调任、转任、免职、辞职、退休以及调整分工等事项前，审计部门应当按照领导干部经济责任审计有关规定对其任职期间履行经济责任情况进行审计。

第九十条 公安民警因出差出国、学习培训或者休假等短期离开岗位时，应当将负责的工作安排妥当。

第六节 印章管理

第九十一条 公安机关印章（含电子印章）的刻制应当严格按照规定审批，并在指定机构刻制。

第九十二条 新刻制的印章，应当在制发机关留取印模，备案后方可启用。

第九十三条 使用印章（印模）应当按照规定权限，严格履行审批登记手续，严格用印监督管理。严禁利用公章谋私，严禁在空白文件或者信函上加盖印章。

第九十四条 印章（印模）应当专柜存放，专人保管。印章（印模）丢失应当立即上报，及时通报有关单位，并严肃追究责任。

第九十五条 经批准作废的印章，应当登记造册，上交制发机关即行销毁。停止使用的印章，应当上交制发机关处理。

第七节 证件管理

第九十六条 公安民警应当按照规定使用统一的人民警察证。工作期间，一般应当携带人民警察证。

第九十七条 公安机关应当严格人民警察证配发范围，严禁向非人民警察身份人员配发人民警察证。

对丧失配发资格的，应当及时收回、收缴其人民警察证。

第九十八条 人民警察证由公安部按照规定统一监制，实行分级管理。

第八节 保密管理

第九十九条 公安机关应当建立保密工作制度，加强保密宣传教育，强化监督管理，严格保密纪律要求，落实保密工作责任，确保国家秘密和警务工作秘密绝对安全。

第一百条 公安机关应当严格按照国家保密管理规定，准确划定保密要害部门、部位，以及涉密岗位、涉密人员范围。

第一百零一条 公安机关政工部门应当会同保密部门，按照“先审后用、严格把关”的原则，对拟任（聘）用到涉密岗位的人员进行保密审查，并定期对在岗涉密人员组织复审。

涉密人员因公、因私出国（境）的，按照管理权限和规定程序实行严格审批。一般情况下，核心涉密人员因私出国（境）不予批准。

第一百零二条 公安机关应当强化涉密人员日常监督，严格落实保密承诺要求、重大事项报告制度，加强涉密人员离岗离职脱密期管理。

第一百零三条 公安民警在制作、传递、复制、使用、保存和销毁涉密信息或者载体过程中，应当严格执行国家保密管理规定，确保涉密信息或者载体保密安全。

涉密载体是指以文字、数据、符号、图形、图像、声音等方式记载、存储国家秘密信息和警务工作秘密信息的纸介质载体、电磁介质载体、光盘等各类物品。

第一百零四条 需要归档的涉密载体，应当按照要求立卷归档；不需要归档的涉密载体，应当认真履行清点、登记、审批手续后，按规定予以销毁。

第一百零五条 公安民警应当执行下列保密守则：

（一）不该说的秘密不说；

（二）不该知悉的秘密不问；

（三）不该看的秘密不看；

（四）不在私人交往或者公开发表的作品中涉及秘密；

（五）不在非保密场所阅办、谈论秘密；

（六）不在社交媒体发布、传递秘密；

（七）不擅自记录、复制、拍摄、摘抄、收藏秘密；

（八）不擅自携带涉密载体去公共场所或者探亲访友；

（九）不使用无保密措施的通信设备、普通邮政和计算机互联网络传递秘密。

第一百零六条 使用计算机信息系统和信息设备时，应当严格遵守下列规定：

（一）涉密计算机严禁连接公安信息网和互联网及其他公共信息网络，公安信息网计算机严禁连接互联网等其他公共信息网络；

（二）涉密计算机不得连接市话和公安专线传真机或者具有传真功能的多功能一体机，不得安装无线网卡、无线鼠标、无线键盘等具有无线互联功能的设备，不得安装摄像头、麦克风等音视频采集装置；

（三）公安信息网计算机不得安装无线网卡、无线鼠标、无线键盘等具有无线互联功能的设备，在保密要害部门、部位的公安信息网计算机不得安装摄像头、麦克风等音视频采集装置；

（四）涉密场所使用的互联网计算机严禁通过无线方式连接互联网，严禁安装摄像头、麦克风等音视频采集装置，严禁安装移动热点；

（五）严禁使用互联网计算机和连接互联网的移动警务终端处理、存储、传输、发布国家秘密信息和警务工作秘密信息，连接互联网的移动警务终端不得与涉密信息设备和公安信息网计算机违规连接；

（六）涉密计算机、公安信息网计算机应当使用符合保密要求的移动存储介质和导入导出设备；

（七）涉密计算机和公安信息网计算机应当采取符合保密要求的身份鉴别措施。公安民警不得擅自将涉密计算机密钥交由他人使用，不得将公安信息网计算机数字证书交由他人使用；

（八）携带涉密计算机和公安信息网计算机外出的，应当经本单位主管领导批准，并履行登记备案手续；

（九）涉及国家秘密和警务工作秘密信息设备维修，应当在本单位内部进行，并指定专人全程监督，严禁维修人员读取或者复制涉密敏感信息，确需送外维修的，须拆除存储部件。涉密计算机、公安信息网计算机变更用途或者报废时，应当先拆除存储部件，拆除的存储部件应当按照涉密载体有关规定处理；

（十）已确定密级的涉密计算机不得处理、存储、传输高于已确定密级的信息；

（十一）公安信息网计算机不得处理、存储、传输涉及国家秘密的内容；

（十二）不得擅自卸载、修改计算机信息系统的保密安全技术程序、管理程序；

（十三）不得在涉密计算机、公安信息网计算机、互联网计算机之间交叉使用存储介质和打印机、传真机、扫描仪、多功能一体机等具有存储功能的设备；

（十四）涉密计算机应当标注存储、处理信息的最高密级、编号、责任人和涉密计算机专用的标识，公安信息网计算机应当标注公安信息网专用和禁止处理涉及国家秘密信息的标识，互联网计算机应当标注互联网专用和禁止处理涉及国家秘密信息和警务工作秘密信息的标识；

（十五）不得越权访问公安信息资源，不得泄露公民个人信息等不宜对外公开的信息；

（十六）公安机关应当留存应用系统访问日志信息，任何单位和个人不得擅自删除、篡改审计日志信息。

第一百零七条　公安机关及定密责任人应当严格按照规定的定密权限和程序准确定密，并完整标注密级和保密期限。

第一百零八条　公安机关信息公开应当坚持“先审查、后公开”和“一事一审”原则，履行保密审查审批程序，严格网站信息发布登记，定期组织开展网站保密检查。

第一百零九条　公安机关使用微信群、QQ 群、微博、微信公众号等网络社交媒体开展工作的，应当建立健全保密管理制度。

第一百一十条　发现泄密线索和情况的，应当立即向本单位保密部门报告，及时组织查处，并按规定上报。

第九节 档案管理

第一百一十一条 公安机关应当建立健全档案工作制度，严格规范管理，维护档案的真实、完整、可用和安全。

第一百一十二条 公安机关在工作中形成的属于归档范围的全部档案应当由档案部门集中统一管理。任何部门和个人不得据为已有或者拒绝归档。

干部人事档案按照干部管理权限，由相应机关或者单位组织人事部门负责统一管理。

第一百一十三条 按照“谁形成、谁归档”的原则，及时收集整理列入归档范围的文件材料，严格按规定移交归档。

第一百一十四条 公安机关应当加强对开展专项行动、举办重要会议和活动、处置重大案（事）件、承建重大建设项目等过程中形成文件材料的收集和归档。

第一百一十五条 公安机关应当建立符合国家标准的档案用房，配备档案安全防护设施，定期巡查档案保管情况，确保档案实体和信息的安全保密。

第一百一十六条 公安机关应当加强档案借阅管理，根据档案的特点、密级，确定相应的借阅范围和审批程序。

第一百一十七条 公安民警应当严格遵守档案借阅规定，对借阅的档案负有保管保护责任，不得涂改、拆撕、伪造档案。不得擅自将档案转借他人。

第一百一十八条 公安档案非经鉴定不得销毁。

第七章 内务设置

第一百一十九条 公安机关的内务设置应当有利于工作、学习、生活，因地制宜、整齐划一，符合卫生和安全要求。

第一百二十条 公安机关对同类窗口单位应当设置规格统一、标志明显、便于辨识的标志，并及时进行维护、更新。入驻政府集中办公场所的窗口单位，应当突出公安机关特点，按照有关单位要求合理设置。

根据窗口单位的实际条件，合理划分办公区、服务区、等候区等功能区域，确保各功能区域相对独立、秩序良好。

第一百二十一条 公安派出所等基层所队应当按照规定合理规范设置办公、办案、生活等区域，配备相应的设备设施。

按照建设标准要求，因地制宜建立阅览室、健身房、洗衣房、淋浴室和食堂等，丰富公安民警的文体生活，保障公安民警身心健康。

第一百二十二条 县级以上公安机关应当建立荣誉室，有条件的可以建立史迹陈列馆、纪念馆、警察博物馆等。

有条件的基层所队，可以结合实际建立荣誉室。

第一百二十三条 办公、生活区域环境和各类设备物品摆放，应当保持干净、整洁、有序。

第八章 办公秩序

第一百二十四条 公安机关应当加强办公秩序管理，维护正常的工作、学习、生活秩序，保证办公环境整洁，秩序井然。

第一百二十五条 公安民警应当严格遵守工作时间要求，不得无故迟到、早退。工作时间应当保持肃静，不得大声喧哗、闲聊、办私事、因私会客或者从事其他与工作无关的活动。

第一百二十六条 公安机关应当严格办公区管理，建立门卫制度，加强日常值守，强化安全检查。

本单位人员、车辆应当凭有效证件出入办公区。外来人员、车辆需进入办公区的，应当严格登记手续，查验其证件和携带物品，经接待人员允许后方可进入。

严禁将办公用房出租或者无偿提供给外部人员或者其他单位使用。

第一百二十七条 单位内部交通标志应当醒目、齐全，车辆应当按照指定地点停放，按照规定路线、速度行驶，禁止鸣喇叭、急刹车。骑自行车、电动车出入大门应当主动下车或者接受查验。

第九章 接待群众

第一百二十八条 公安民警接待群众应当文明礼貌、态度和蔼、热情周到、耐心细致。

第一百二十九条 公安机关应当简化办事程序，拓宽服务渠道，提高工作效能。在条件允许的情况下，推行一个窗口对外、一站式办结和预约服务、自助受理、网上办理等。

第一百三十条 公安机关应当按规定主动公开公示窗口单位的上下班时间以及报警、咨询、监督电话和工作人员等信息，依法公开工作职责、执法依据、办事程序、法定时限、收费标准、监督方式以及服务承诺等，可以通过报刊、电台、电视台、政府网站和微博、微信公众号及其他信息手段，以及公示栏、牌匾、触摸式查询显示屏或者印发书面材料等形式告知群众，为群众提供方便。

第一百三十一条 公安机关应当结合实际制定工作文明用语和忌语，加强教育培训，严格遵照执行。

第一百三十二条 公安机关窗口单位实行群众报警、求助、咨询和办证、办事首问（接）责任制、接报案登记制和分流移交机制。

除24小时服务窗口外，其他窗口单位可根据实际实行弹性工作制，方便群众办证、办事。

第一百三十三条 公安民警应当在职责范围内，热情为求助群众提供必要帮助，耐心解答群众提出的问题，及时妥善处理群众报警或者报案，并认真做好记录。对不属于公安机关职责范围内的群众报警、报案或者求助，应当告知当事人向其他有关主管机关反映，情况紧急时应当给予协助或者协调处置。

第一百三十四条 除执行重大紧急任务外，公安机关的警车在临时停靠时或者行驶过程中，车上的公安民警应当及时接受群众的现场报警或者紧急求助。

第十章　值班备勤

第一百三十五条 公安机关实行24小时值班备勤。由领导干部带班，安排适当警力值班备勤，配备相应警械武器、防护装备和交通、通讯工具，保障随时应对各类警情任务。基层一线处警单位及警用车辆应当配备防弹防刺背心、头盔及绳索、救生圈、急救包等警用装备和救援器材，并做好装备、器材使用培训和维护保养，确保正常使用。

第一百三十六条 看守所、拘留所、派出所和治安、刑警、交警、巡警、网安等警种、部门，应当根据工作需要，设置值班室，建立健全值班备勤制度。

第一百三十七条 值班人员的主要职责是：

（一）接待报警、报案、检举、控告、自动投案或者其他原因来访的人员；

（二）受理群众遇到危、难、险、困时的求助，以及群众对公安民警违纪违法行为的投诉；

（三）向上级报告发生的案件、事故或者其他紧急情况，并按照上级指示或者预案做出应急处理；

（四）及时接收处置110警情指令；

（五）及时妥善处理公文、电话、电子邮件等；

（六）维护本单位工作、学习、生活秩序，承担内部安全保卫工作；

（七）完成领导交办的其他任务。

第一百三十八条 值班室应当利用视频监控系统，建立值班影像档案，并保存不少于九十日。值班人员应当认真填写值班记录，详细记录值班期间发生的重要事项及处置情况。值班记录的主要内容包括：

（一）问题或者事件事情发生的时间、地点，有关人员的姓名、联系方式和主要情况；

（二）向上级报告的时间，接受报告人的姓名和答复的主要内容；

（三）对上级指示的传达、办理情况和时间；

（四）负责处理的单位和人员姓名；

（五）值班领导和值班民警姓名。

值班记录应当采用电子文档或者纸质文书存档，妥善管理。

第一百三十九条 值班人员应当坚守岗位，严格履行职责。因故确需离开值班岗位的，应当及时报告值班领导，并安排其他人员代岗。

第一百四十条 值班人员交接班时，双方应当按照规定的职责内容认真交接工作，履行交接手续。

值班人员交接班时，如果发生突发情况或者群众报警、报案，以交班人员为主进行处置，待处置完毕再交接班。

第一百四十一条 值班备勤人员自值班备勤前 12 小时至值班备勤结束不得饮酒，值班期间不得从事与工作无关的活动，备勤期间不得从事影响紧急到岗的活动。

第十一章　应急处突

第一百四十二条 公安机关应当预先制订各种应急处置预案，定期组织实战演练，不断提高快速反应能力、协调配合能力、现场处置能力、临场组织指挥能力。

第一百四十三条 遇有第八十一条第二款所列情形或者其他紧急任务，县级以上公安机关应当按照应急处置预案，组织人员立即赶赴现场，并根据实际情况，在报告上级机关的同时，迅速通报有关部门及时做好防范、化解和处置突发案（事）件工作。

第一百四十四条 公安民警接到执行紧急任务的命令后，应当迅速到达指定地点，服从统一的指挥调度。发现紧急情况时，应当及时报告并迅速进入现场履行职责。

第一百四十五条 公安机关在处置突发事件时，应当根据突发事件的性质、起因、规模、影响以及现场情势和危害程度，决定是否动用处置性警力及规模，是否采取强制性措施以及采取何种强制性措施，是否使用警械或者武器，既要防止当用不用而使事态失去控制或者致使公安民警伤亡情况发生，也要防止警力和强制性措施使用不当而激化矛盾。公安民警在采取强制性措施前，应当经现场指挥员批准，并向现场人员明示告知。在面临紧急情况下，公安民警可先期处置，并在处置过程中或者处置后及时报告。

情报指挥部门应当及时跟进掌握处置突发事件情况，视情调动警力支援。

第一百四十六条 公安机关在处置突发事件时，应当注意保护党政机关等重点部位及现场人员的安全，同时加强公安民警自身的安全防护，及时获取并固定现场违法犯罪证据。

第一百四十七条 公安民警应当保证通讯畅通，个人通讯方式变更时应当及时报告所在单位，以备发生紧急情况时迅即调集警力。

第十二章 装备财务管理

第一节 装备管理

第一百四十八条 公安机关装备管理应当严格执行有关法律法规规定，遵循整体规划、标准配备、权责相应、规范管理的原则。

第一百四十九条 公安机关应当建立健全装备使用管理、维护保养、存储保管和督察、审计等制度。

第一百五十条 公安机关应当按规定建设装备存储保管场所、完善配套设施，实行分级分类管理。

第一百五十一条 公安机关执法办案管理中心、服务窗口等场所配备的装备品种、数量和方式，应当符合装备使用安全和环境要求。

第一百五十二条 公安机关应当定期开展执法执勤装备检查、校验、测试、标定等工作，确保性能良好。监督检查重点是指挥通信、刑事技术、侦查技术、警械武器、交通工具、防护等装备。

第一百五十三条 公安机关应当加强执法执勤装备使用培训。

第一百五十四条 公安机关应当加强应急装备管理，建立应急装备保障机制，制订应急装备保障预案，按规定开展应急装备管理工作。

第一百五十五条 公安机关发生重大装备事故的，应当迅速开展实地调查，查明事故原因，出具鉴定报告，并及时向上级公安机关报告。

第一百五十六条 任何单位或者个人不得擅自赠送、转借、出租、变卖、私存装备。

第二节 预算财务管理

第一百五十七条 公安机关应当严格执行国家预算财务管理法律法规有关

规定，规范财务行为，科学合理编制预算、决算及相关预算财务报表，提高资金使用效益。

第一百五十八条 公安机关应当建立健全财务管理制度、定期财务分析报告制度和内部控制机制，加强对下级机关财务管理的指导、监督和检查。

第一百五十九条 公安机关应当按照国家统一会计制度开展会计工作，依法设置会计账簿，并保证会计账簿的真实、完整。

审计部门应当按照内部审计工作规定，对财政收支、财务收支以及其他经济活动等财经管理情况组织实施审计。

第一百六十条 公安机关主要负责同志对本单位会计工作和会计资料的真实性、完整性、合法性负责。

第十三章 安全防范

第一节 基本要求

第一百六十一条 公安机关应当牢固树立安全意识，加强安全管理工作，并贯穿于公安工作和公安队伍建设的全过程。

第一百六十二条 公安机关应当坚持预防为主的方针，定期分析安全工作形势，查找不安全因素和隐患，制定和改进安全措施，建立健全安全管理制度，加强人防、物防、技防建设，并根据职责分工，压实工作责任，保证各项制度、措施落到实处。

第一百六十三条 公安机关应当加强安全教育，增强公安民警的安全防范意识，及时发现并正确处理队伍内部问题，积极消除安全隐患。强化安全训练，确保公安民警熟练使用警械武器装备，规范使用交通工具，正确处理各类情况和问题，不断提高自我防护、预防安全事故的能力。

第一百六十四条 公安机关应当根据形势任务和环境变化需要，配备安全防护设备设施，加强经常性安全防范工作，开展内部日常安全防范检查，严防发生重大安全事故。

第一百六十五条 发生安全事故应当如实及时上报，查明原因，正确处理，做到实事求是、依法依规。对避重就轻、弄虚作假、不及时报告或者隐瞒不报的，应当依法依规严肃追责问责。

第一百六十六条 县级以上公安机关应当建立维护公安民警执法权威工作委员会，实行党委（党组）统一领导、督察部门牵头协调、职能部门各负其责的工作机制，通过法律、行政、经济、社会、舆论等途径，依法及时查处侵犯公安民警执法权威的行为，为公安民警依法履职创造良好环境。

第二节 执法执勤安全

第一百六十七条 公安机关办公区、办案区应当建设必要的安全技术防范系统，主要出入口、窗口单位服务区应当配备安检和视频监控设备，办案区应当配备同步录音录像设备，并保证设备完好、正常使用。办案区的声像监控资料应当保存不少于九十日，其他区域的声像监控资料应当保存不少于三十日。

对办案区声像监控资料保存期限另有规定的，从其规定。

第一百六十八条 公安机关应当严格在办案区开展办案活动，强化安全意识，落实安全防范措施和责任，防止发生安全事故。

第一百六十九条 公安机关处置暴力恐怖案（事）件或者执行拘留、抓捕等任务时，应当评估安全风险，制订预案方案，周密组织实施，最大限度地避免造成人员伤亡。

第一百七十条 上级对下级布置任务时，应当明确安全要求，并采取安全保障措施。执行任务的公安民警应当提高安全防范意识，严格遵守安全管理制度，保持高度警惕，确保自身和工作对象安全。

第一百七十一条 公安民警执行询问、讯问、押解、看管等任务时，应当严格遵守有关规定，防止发生违法犯罪嫌疑人袭警、脱逃、暴狱和自伤、自残、自杀等案（事）件。

第一百七十二条 公安民警执法执勤时应当按规定携带装备，并规范使用执法记录仪等设备。

第一百七十三条 公安民警开展治安检查、现场勘验等工作时，应当严格遵守法定程序及操作规程，防止发生安全事故（件）。

第一百七十四条 公安民警因工作需要在道路上拦截、检查车辆时，应当选择安全和不妨碍通行的地点进行，设置安全防护设备。必要时，设置减速区、检查区、处置区，并使用阻车装置。

第三节 警械武器管理使用安全

第一百七十五条 公安机关应当建立健全公务用枪管理制度，认真执行安全管理措施，严格落实工作责任。

公安机关应当组建公务用枪管理委员会，明确职责分工，建立定期会商研判机制，加强公务用枪管理工作检查监督。

第一百七十六条 公安机关必须严格公安民警配枪标准条件，规范申报审批程序，加强年度审验把关，实行人员动态管理。

第一百七十七条 公安机关及其所属配枪单位应当按要求设置枪弹库（室、柜），严格落实24小时值守、枪弹分离、双人双锁保管等制度，加强对视频监控等安全防范设施的日常检查，确保公务用枪存放安全。

第一百七十八条 公安机关及其所属配枪单位应当定期对枪支弹药进行检测，严禁使用超寿命、待报废枪支和过期弹药，并加强对枪支弹药的日常维护保养，最大限度降低枪支弹药故障率。

第一百七十九条 公安机关及其所属配枪单位应当建立健全枪弹领取、交还审批、登记等制度，认真查验持枪证、枪证等信息，确保公务用枪交接安全。

第一百八十条 公安机关及所属配枪单位应当加强对枪支管理使用人员的日常教育培训、管理监督和思想、心理状况排查，对出现不适宜配枪情形的公安民警应当及时暂停或者取消其配枪资格，收回持枪证件，确保公务用枪使用安全。

第一百八十一条 公安民警应当严格按照规定管理使用警械武器，确保依法履职尽责，有效维护群众和自身安全，坚决防止警械武器被盗、被抢、丢失、滥用或者发生其他事故。

第一百八十二条 公安民警使用警械武器，应当以有效制止违法犯罪行为、尽量减少人员伤亡和财产损失为原则。

第一百八十三条 公安机关组织公安民警进行实弹射击训练，应当遵守下列安全规定：

（一）合理选择和设置射击场地；

（二）加强现场安全检查，配备专职安全人员，严密组织射击区域安全警戒和观察；

（三）加强枪支弹药的技术检测，防止枪支故障和弹药失效；

（四）实弹射击训练时佩戴个人安全防护器材；

（五）训练结束后统一组织验枪，彻底清查枪支和剩余弹药，防止枪支、弹药丢失，排查安全隐患。

第一百八十四条 公安民警管理使用枪支的，应当遵守下列安全规定：

（一）上班或者执行任务领用枪支后必须严格验枪，下班或者完成任务后必须及时交回并由枪管员验枪收回；

（二）工作期间因私外出的，所携带枪支必须交回并由枪管员验枪收回；

（三）在依法依规使用枪支的情形下，应当准确判定目标，规范操作动作，防止误判或者误伤他人；

（四）严禁私存、私带、私借枪支弹药；

（五）严禁持枪打闹或者枪口对人；

（六）严禁摆弄枪支或者随意动用他人枪支；

（七）严禁持枪打猎、擅自打靶或者安排他人打靶。

第四节　交通事故防范

第一百八十五条　公安机关应当加强交通安全事故防范和监督管理。除执行紧急任务外，公安民警驾驶车辆时应当遵守道路交通安全法律法规，确保行车安全。

第一百八十六条　公安机关应当对公务车辆定期进行维护和保养，确保车况良好。对达到报废标准的车辆应当及时报废，不得使用已达到强制报废标准的车辆从事警务活动。

第一百八十七条　公安民警驾驶警车时，除工作需要外，应当按照规定穿着警服，持有机动车（电子）行驶证、机动车（电子）驾驶证和人民警察证。驾驶实习期内的公安民警不得驾驶警车。公安民警驾驶或者乘坐警用摩托车时，应当戴警用头盔。

第一百八十八条　公安机关警用车辆乘载，应当遵守下列安全规定：

（一）载人不得超过核定的人数；

（二）载物应当符合核定的载质量，严禁超载；

（三）载物的长、宽、高不得违反装载要求；

（四）不得人货混载；

（五）不得违反有关安全规定，载运易燃、易爆等危险物品。

第一百八十九条　公安机关应当定期对驾驶警车的公安民警开展培训，加强交通安全教育。

第五节　火灾事故防范

第一百九十条　公安机关应当加强消防安全防范工作，建立消防管理制度，完善消防设施，配齐消防器材，落实消防责任，坚决防止发生火灾事故。

第一百九十一条　公安机关应当严格消防安全检查，及时发现和消除火灾隐患。加强易燃、易爆物资和装备、器材管理，进入易燃、易爆物品存放场所前必须收缴火种。计算机机房、库房、车场、档案室等重要场所严禁烟火。

第一百九十二条　在礼堂、剧院、大型会议场所等重要防火部位组织集体活动的，应当在应急疏散通道安排人员值守引导，维护现场秩序，防止发生意外。

第一百九十三条　重点防火单位和重要防火场所应当制订消防预案，落实消防责任，定期组织有针对性的消防演练。

第六节　爆炸事故防范

第一百九十四条　公安机关应当遵守弹药、炸药、油料、燃气、烟花爆竹等易燃、易爆物品的安全管理规定，防止发生爆炸事故。

第一百九十五条 爆炸物品的使用管理单位应当按照性质、类别将爆炸物品分别储存在专用仓库内，由专人管理，建立检查、登记制度。存放数量不得超过安全容量。在库区配备监控、防爆设施，严禁无关人员进入库区。

第一百九十六条 组织爆炸物品运输，应当遵守下列安全规定：

（一）正确选择运载工具和装卸载地点与方式；

（二）正确选择运输路线，避开交通繁忙路段和人口稠密地区；

（三）正确选择通过时机，避开人员、车辆流动高峰期；

（四）正确装载爆炸物品，符合安全运输要求；

（五）严密警戒，专人押运。

第一百九十七条 组织实施民用爆炸物品、烟花爆竹、废旧炮（炸）弹等爆炸物品销毁，应当科学划定作业区域，设置安全警示标志，维护作业现场秩序，并严格遵守下列安全规定：

（一）不得擅自变更计划、方案；

（二）不得由非专业机构组织实施；

（三）不得让未经培训的人员参与；

（四）不得在不符合安全要求的场所或者场地作业；

（五）不得在高温、雷雨、大风等不良天气条件下作业；

（六）不得违反操作规程冒险作业。

第十四章 健康保护

第一百九十八条 公安机关应当加强关爱民警工作，保护民警身心健康。基层公安机关应当根据工作任务和实有警力，执行轮休制度。对长期执行重大安全保卫、抢险救援、侦查监控任务以及长期从事重大专项工作的公安民警，应当合理安排调休；对连续工作超出法定工作时间的，应当安排休息。

第一百九十九条 公安机关应当严格落实带薪年休假制度，领导干部应当带头休假。根据工作情况，充分尊重公安民警本人意愿，统筹安排年休假。公安民警确因工作需要不能安排年休假的，应当在下一年度安排补休；不能补休或者未休满法定年休假的，应当按规定发放年休假工资报酬。

上级机关应当对下级机关带薪休假落实情况进行督导检查，推动年休假常态化，确保公安民警得到必要的休整。

第二百条 公安机关应当提倡全警健身，普及科学健身知识和健身方法，开展群众性体育活动；把体能训练作为公安民警教育训练的基本内容，提升体能素质；因地制宜、分类分年龄段开展公安民警年度体能测试。

第二百零一条 公安机关应当严格落实年度体检制度，建立公安民警健康档案，定期对健康状况进行分析，提出健康保护意见。对体检结果异常的，督促并协助做好复查、就医，强化健康生活方式指导及干预。

第二百零二条 公安机关应当开展职业病危害因素基本情况普查，健全针对性健康干预措施。为公安民警配备医疗急救包，确保突发疾病时能及时得到施救。

第二百零三条 公安机关应当严格落实公安民警因公负伤和患病医疗保障救治制度。对因身体健康状况不适宜在现岗位上工作的公安民警，应当调整工作岗位或者安排适当休整。

第二百零四条 公安机关应当开展预防传染病等卫生健康教育，提高公安民警对传染病的防治意识和应对能力。

第二百零五条 公安机关应当加强对办公、办案、生活等场所区域的日常环境卫生管理，建立卫生管理制度，健全卫生安全保障措施，有效防止发生卫生安全事故。发现传染病病人或者疑似传染病病人时，应当按规定及时向所在地疾病预防控制机构或者医疗机构以及上级机关报告。

第二百零六条 发生传染病疫情时，公安机关应当积极配合当地疾病预防控制机构或者医疗机构，采取有效措施，防止公安民警出现感染或者交叉感染，及时组织对办公、办案、生活等场所区域进行卫生处理。

根据工作需要，公安机关可实行弹性工作制，科学合理安排勤务，确保公安民警保持良好的身心状态。

第二百零七条 发生传染病疫情时，公安机关应当对公安民警确诊受感染或者疑似感染情况，按规定逐级报告上级机关；对密切接触者，按照当地疾病预防控制机构要求，采取必要的预防措施。

第二百零八条 公安机关应当建立平战结合、规范有序、及时高效的常态化心理健康服务工作机制，加强心理健康服务专兼职人才队伍建设，不断提升公安民警心理健康服务工作水平。

第二百零九条 县级以上公安机关和有条件的基层所队应当设立公安民警心理健康服务站，对公安民警开展心理健康咨询，适时进行心理辅导；每年定期开展心理健康讲座、团体辅导和心理咨询等活动，保障公安民警心理健康。

第二百一十条 对执行重大安全保卫任务、处置重大突发案（事）件、暴力恐怖案（事）件或者开枪击毙击伤人员，以及工作、生活发生重大变故的公安民警，应当及时进行心理咨询、危机干预。对出现心理健康问题的，应当及时安排休整、治疗。

第二百一十一条 公安机关应当深入开展健康教育，引导公安民警牢固树立健康生活的理念，积极开展文体活动，陶冶情操，增强体质，丰富业余文化生活。

第十五章　警旗　警徽　警歌　警察节

第一节　警　旗

第二百一十二条　中国人民警察警旗是人民警察队伍的重要标志，是人民警察荣誉、责任和使命的象征，是人民警察忠诚履行新时代使命任务的重要指引。

第二百一十三条　公安民警应当树立警旗意识，尊重和爱护警旗，维护警旗尊严。

第二百一十四条　公安机关及所属单位按规定授予和请领警旗。

授予警旗可以组织授旗仪式。授旗仪式由受旗单位所隶属的公安机关或者上一级公安机关组织实施，通常在单位新组建成立时进行。

第二百一十五条　使用警旗应当报受旗单位主要负责同志批准，不得超出规定的使用范围。

任何组织和个人未经批准不得制造、买卖、持有、使用警旗。

第二节　警　徽

第二百一十六条　中国人民警察警徽是人民警察的象征和标志。公安民警应当爱护警徽，维护警徽尊严。

第二百一十七条　警徽是人民警察专用标志。使用警徽及其图案应当严肃、庄重，严格使用范围。

第二百一十八条　警徽由公安部按照规定统一监制。县级以上公安机关负责监督管理警徽及其图案的使用。

第三节　警　歌

第二百一十九条　中国人民警察警歌是人民警察性质、宗旨和精神的体现。公安民警和公安院校学生应当会唱警歌。

第二百二十条　奏（唱）警歌适用于公安机关重要庆典、集会、会议、检阅以及其他维护、显示人民警察威严的场合。

第二百二十一条　不得在私人婚、丧、庆、悼活动和娱乐、商业活动以及其他不适宜的场合奏（唱）警歌。

第二百二十二条　奏（唱）警歌时，公安民警应当庄重肃立。

第四节　警　察　节

第二百二十三条　中国人民警察节是人民警察荣誉制度体系的重要组成部

分。公安机关应当在警察节举办相关庆祝活动，作为励警爱警惠警的重要举措。

第二百二十四条 公安机关庆祝警察节活动，可通过升（挂）警旗仪式、组织宣誓、走访慰问、举办书画摄影作品展览、诗歌朗诵会、音乐会等丰富多彩的文体活动形式进行。

举办警察节庆祝活动应当隆重简朴、厉行节约，防止形式主义和铺张浪费。

第二百二十五条 警察节期间，公安机关可结合实际采取警营开放、法制宣讲、便民服务等多种方式，广泛开展社会宣传，大力加强警察公共关系建设，树立公安机关和公安队伍良好形象。

第十六章 阅 警

第二百二十六条 阅警是设区的市级以上党政机关主要领导、公安机关主要领导在重大节日、庆典、集会等重要场合对公安队伍的检阅。

第二百二十七条 阅警应当严格审批制度。设区的市级以上公安机关举行阅警，应当报上级公安机关批准；公安院校举行阅警，应当报主管机关批准。

第二百二十八条 阅警的主要程序：

（一）阅警指挥员向阅警领导报告；

（二）阅警领导宣布阅警开始；

（三）组织进行阅警活动；

（四）阅警领导讲话；

（五）阅警指挥员向阅警领导报告；

（六）阅警领导宣布阅警结束。

第十七章 附 则

第二百二十九条 违反本条令，情节轻微的，应当给予谈话提醒、批评教育或者当场予以纠正；情节严重的，应当按照规定采取带离现场、停止执行职务、禁闭措施，给予处分或者限期调离、辞退等处理；构成违法犯罪的，依法追究相应的法律责任。

第二百三十条 公安机关直属事业单位内务建设参照本条令执行。国家移民管理机构可按照本条令制定具体管理规定或者实施办法。

公安机关警务辅助人员的内务建设，由各省级公安机关参照本条令制定具体办法。

第二百三十一条 本条令所称“以上”均含本级。

第二百三十二条 本条令自发布之日起施行。2000 年 6 月公安部颁布实施的《公安机关人民警察内务条令》（公安部令第53号）和2007年6月公安部颁布实施的《公安机关人民警察着装管理规定》（公安部令第92号）同时废止。其他有关内务建设的规定有与本条令不一致的，以本条令为准。

公安机关人民警察纪律条令

（2010年4月21日监察部、人力资源和社会保障部、公安部令第20号公布　自2010年6月1日起施行）

第一章　总　　则

第一条　为了严明公安机关纪律，规范公安机关人民警察的行为，保证公安机关及其人民警察依法履行职责，根据《中华人民共和国人民警察法》、《中华人民共和国行政监察法》、《中华人民共和国公务员法》、《行政机关公务员处分条例》、《公安机关组织管理条例》等有关法律、行政法规，制定本条令。

第二条　公安机关人民警察应当严格遵守《中华人民共和国人民警察法》、《中华人民共和国公务员法》等法律法规关于公安机关人民警察纪律的规定。公安机关人民警察违法违纪，应当承担纪律责任的，依照本条令给予处分。

法律、行政法规、国务院决定对公安机关人民警察处分另有规定的，从其规定。

第三条　公安机关人民警察违法违纪，应当承担纪律责任的，由任免机关或者监察机关按照管理权限依法给予处分。

公安机关有违法违纪行为，应当追究纪律责任的，对负有责任的领导人员和直接责任人员给予处分。

第四条　对受到处分的公安机关人民警察，应当依照有关规定延期晋升、降低或者取消警衔。

第五条　公安机关人民警察违法违纪涉嫌犯罪的，应当依法追究刑事责任。

第六条　监察机关派驻同级公安机关监察机构可以调查下一级监察机关派驻同级公安机关监察机构管辖范围内的违法违纪案件，必要时也可以调查所辖各级监察机关派驻同级公安机关监察机构管辖范围内的违法违纪案件。

监察机关派驻同级公安机关监察机构经派出它的监察机关批准，可以调查下一级公安机关领导人员的违法违纪案件。

调查结束后，按照人事管理权限，监察机关派驻同级公安机关监察机构应当向处分决定机关提出处分建议，由处分决定机关依法作出处分决定。

第二章　违法违纪行为及其适用的处分

第七条　有下列行为之一的，给予开除处分：

（一）逃往境外或者非法出境、违反规定滞留境外不归的；

（二）参与、包庇或者纵容危害国家安全违法犯罪活动的；

（三）参与、包庇或者纵容黑社会性质组织犯罪活动的；

（四）向犯罪嫌疑人通风报信的；

（五）私放他人出入境的。

第八条　散布有损国家声誉的言论的，给予记大过处分；情节较重的，给予降级或者撤职处分；情节严重的，给予开除处分。

第九条　有下列行为之一的，给予记过或者记大过处分；情节较重的，给予降级或者撤职处分；情节严重的，给予开除处分：

（一）故意违反规定立案、撤销案件、提请逮捕、移送起诉的；

（二）违反规定采取、变更、撤销刑事拘留、取保候审、监视居住等刑事强制措施或者行政拘留的；

（三）非法剥夺、限制他人人身自由的；

（四）非法搜查他人身体、物品、住所或者场所的；

（五）违反规定延长羁押期限或者变相拘禁他人的；

（六）违反规定采取通缉等措施或者擅自使用侦察手段侵犯公民合法权益的。

第十条　有下列行为之一的，给予记过或者记大过处分；情节较重的，给予降级或者撤职处分；情节严重的，给予开除处分：

（一）违反规定为在押人员办理保外就医、所外执行的；

（二）擅自安排在押人员与其亲友会见，私自为在押人员或者其亲友传递物品、信件，造成不良后果的；

（三）指派在押人员看管在押人员的；

（四）私带在押人员离开羁押场所的。

有前款规定行为并从中谋利的，从重处分。

第十一条　体罚、虐待违法犯罪嫌疑人、被监管人员或者其他工作对象的，给予记过或者记大过处分；情节较重的，给予降级或者撤职处分；情节严重的，给予开除处分。

实施或者授意、唆使、强迫他人实施刑讯逼供的，给予撤职处分；造成严重后果的，给予开除处分。

第十二条　有下列行为之一的，给予记过或者记大过处分；情节较重的，给予降级或者撤职处分；情节严重的，给予开除处分：

（一）对依法应当办理的受理案件、立案、撤销案件、提请逮捕、移送起诉等事项，无正当理由不予办理的；

（二）对管辖范围内发生的应当上报的重大治安案件、刑事案件、特大道路交通事故和群体性或者突发性事件等隐瞒不报或者谎报的；

（三）在勘验、检查、鉴定等取证工作中严重失职，造成无辜人员被处理或者违法犯罪人员逃避法律追究的；

（四）因工作失职造成被羁押、监管等人员脱逃、致残、致死或者其他不良后果的；

（五）在值班、备勤、执勤时擅离岗位，造成不良后果的；

（六）不履行办案协作职责造成不良后果的；

（七）在执行任务时临危退缩、临阵脱逃的。

第十三条 有下列行为之一的，给予记过或者记大过处分；情节较重的，给予降级或者撤职处分；情节严重的，给予开除处分：

（一）利用职权干扰执法办案或者强令违法办案的；

（二）利用职权干预经济纠纷或者为他人追债讨债的。

第十四条 有下列行为之一的，给予记过或者记大过处分；情节较重的，给予降级或者撤职处分；情节严重的，给予开除处分：

（一）隐瞒或者伪造案情的；

（二）伪造、变造、隐匿、销毁检举控告材料或者证据材料的；

（三）出具虚假审查或者证明材料、结论的。

第十五条 有下列行为之一的，给予警告或者记过处分；情节较重的，给予记大过或者降级处分；情节严重的，给予撤职处分：

（一）违反规定吊销、暂扣证照或者责令停业整顿的；

（二）违反规定查封、扣押、冻结、没收财物的。

第十六条 有下列行为之一的，给予警告或者记过处分；情节较重的，给予记大过或者降级处分；情节严重的，给予撤职处分：

（一）擅自设定收费项目、提高收费标准的；

（二）违反规定设定罚款项目或者实施罚款的；

（三）违反规定办理户口、身份证、驾驶证、特种行业许可证、护照、机动车行驶证和号牌等证件、牌照以及其他行政许可事项的。

以实施行政事业性收费、罚没的名义收取钱物，不出具任何票据的，给予开除处分。

第十七条 有下列行为之一的，给予记过或者记大过处分；情节较重的，给予降级或者撤职处分；情节严重的，给予开除处分：

（一）投资入股或者变相投资入股矿产、娱乐场所等企业，或者从事其他营利性经营活动的；

（二）受雇于任何组织、个人的；

（三）利用职权推销、指定消防、安保、交通、保险等产品的；

（四）公安机关人民警察的近亲属在该人民警察分管的业务范围内从事可能影响公正执行公务的经营活动，经劝阻其近亲属拒不退出或者本人不服从工作调整的；

（五）违反规定利用或者插手工程招投标、政府采购和人事安排，为本人或者特定关系人谋取不正当利益的；

（六）相互请托为对方的特定关系人在投资入股、经商办企业等方面提供便利，谋取不正当利益的；

（七）出差、开展公务活动由企事业单位、个人接待，或者接受下级公安机关、企事业单位、个人安排出入营业性娱乐场所，参加娱乐活动的；

（八）违反规定收受现金、有价证券、支付凭证、干股的。

第十八条 私分、挪用、非法占有赃款赃物、扣押财物、保证金、无主财物、罚没款物的，给予记过或者记大过处分；情节较重的，给予降级或者撤职处分；情节严重的，给予开除处分。

第十九条 有下列行为之一的，给予警告、记过或者记大过处分；情节较重的，给予降级或者撤职处分；情节严重的，给予开除处分：

（一）拒绝执行上级依法作出的决定、命令，或者在执行任务时不服从指挥的；

（二）违反规定进行人民警察录用、考核、任免、奖惩、调任、转任的。

第二十条 有下列行为之一，造成不良影响的，给予警告处分；情节较重的，给予记过处分；情节严重的，给予记大过处分：

（一）在工作中对群众态度蛮横、行为粗暴、故意刁难或者吃拿卡要的；

（二）不按规定着装，严重损害人民警察形象的；

（三）非因公务着警服进入营业性娱乐场所的。

第二十一条 违反公务用枪管理使用规定的，依照《公安民警违反公务用枪管理使用规定行政处分若干规定》给予处分。

第二十二条 有下列行为之一的，给予警告或者记过处分；情节较重的，给予记大过或者降级处分；情节严重的，给予撤职或者开除处分：

（一）违反警车管理使用规定或者违反规定使用警灯、警报器的；

（二）违反规定转借、赠送、出租、抵押、转卖警用车辆、警车号牌、警械、警服、警用标志和证件的；

（三）违反规定使用警械的。

第二十三条 工作时间饮酒或者在公共场所酗酒滋事的，给予警告、记过或者记大过处分；造成后果的，给予降级或者撤职处分；造成严重后果的，给予开除处分。

携带枪支饮酒、酒后驾驶机动车，造成严重后果的，给予开除处分。

第二十四条 参与、包庇或者纵容违法犯罪活动的，给予警告、记过或者记大过处分；情节较重的，给予降级或者撤职处分；情节严重的，给予开除处分。

吸食、注射毒品或者参与、组织、支持、容留卖淫、嫖娼、色情淫乱活动的，给予开除处分。

参与赌博的，依照《行政机关公务员处分条例》第三十二条规定从重处分。

第二十五条 违反规定使用公安信息网的，给予警告处分；情节较重的，给予记过或者记大过处分；情节严重的，给予降级或者撤职处分。

第三章 附 则

第二十六条 有本条令规定的违法违纪行为，已不符合人民警察条件、不适合继续在公安机关工作的，可以依照有关规定予以辞退或者限期调离。

第二十七条 处分的程序和不服处分的申诉，依照《中华人民共和国行政监察法》、《中华人民共和国公务员法》、《行政机关公务员处分条例》等有关法律法规的规定办理。

第二十八条 本条令所称公安机关人民警察是指属于公安机关及其直属单位的在编在职的人民警察。

公安机关包括县级以上人民政府公安机关和设在铁道、交通运输、民航、林业、海关部门的公安机构。

第二十九条 公安边防、消防、警卫部队官兵有违法违纪行为，应当给予处分的，依照《中国人民解放军纪律条令》执行；《中国人民解放军纪律条令》没有规定的，参照本条令执行。

第三十条 本条令由监察部、人力资源社会保障部、公安部负责解释。

第三十一条 本条令自2010年6月1日起施行。

公安机关人民警察奖励条令

（2015年10月19日公安部、人力资源和社会保障部令第135号公布 自2016年1月1日起施行）

第一章 总 则

第一条 为加强和规范公安机关奖励工作，促进公安工作和队伍建设，根据《中华人民共和国公务员法》、《中华人民共和国人民警察法》、《公安机关组织管理条例》、《公务员奖励规定（试行）》等法律、法规和规章，制定本条令。

第二条 公安机关奖励工作应当服从服务公安工作全局和中心任务，及时奖励在各项公安工作中做出突出成绩的集体和个人，充分激发、调动各级公安机关和广大民警的工作积极性、主动性、创造性。

第三条 公安机关奖励工作应当坚持下列原则：

（一）实事求是，按绩及时施奖；

（二）发扬民主，贯彻群众路线；

（三）公开、公平、公正；

（四）以基层一线为重点，领导机关、领导干部从严；

（五）精神奖励与物质奖励相结合，以精神奖励为主。

第四条 公安机关奖励工作实行统一领导，分级管理，分工负责。公安机关政工部门是奖励工作的主管部门，负责组织、指导、管理奖励工作。公安机关其他部门配合政工部门做好奖励工作。

第五条 公安机关奖励经费应当列入各级公安机关年度预算予以全额保障。

第二章 奖励的类别、对象和等级

第六条 奖励分为集体奖励和个人奖励。

第七条 集体奖励的对象是各级公安机关建制单位和为完成专项工作临时成立的非建制单位。

个人奖励的对象是各级公安机关在编在职人民警察。因公牺牲或者病故的人民警察，生前有重大贡献或者突出事迹，符合奖励条件的，可以追授奖励。

第八条 集体奖励由低至高依次为：嘉奖，记三等功、二等功、一等功，授予荣誉称号。集体授予荣誉称号的名称，根据受奖集体的事迹特点确定。

个人奖励由低至高依次为：嘉奖，记三等功、二等功、一等功，授予荣誉称号。授予个人的荣誉称号分为全国公安系统二级英雄模范、一级英雄模范称号。

第三章 奖励的条件和标准

第九条 符合下列条件之一的集体和个人，应当给予奖励：

（一）依法打击危害国家安全和公共安全、颠覆国家政权、破坏社会秩序和经济秩序、侵犯公私财产和公民人身权利等违法犯罪活动，维护国家安全和社会稳定，成绩突出的；

（二）加强社会治安管理，依法查处和制止扰乱公共秩序、侵犯人身权利、妨害社会管理等违法行为，维护治安稳定和公共安全，成绩突出的；

（三）依法妥善处置重大突发事件，积极参加抢险救灾，圆满完成重大活动安全保卫任务，成绩突出的；

（四）加强公安基层基础建设，落实各项管理防范措施，有效预防和制止违法犯罪活动，成绩突出的；

（五）依法履行行政管理职能，科学、文明、规范管理，提高工作质量和效率，成绩突出的；

（六）加强科技强警工作，有发明创造、科技创新成果或者创造典型经验，成绩突出的；

（七）密切联系群众，热情为群众服务，成绩突出的；

（八）加强思想政治工作，强化教育、管理和监督，推动队伍正规化建设，成绩突出的；

（九）加强执法监督管理，推动执法规范化建设，成绩突出的；

（十）认真完成综合管理、警务保障和国际警务合作等工作任务，成绩突出的；

（十一）秉公执法，清正廉洁，勇于与社会不良风气做斗争，成绩突出的；

（十二）在其他方面成绩突出的。

第十条　对符合奖励条件的集体和个人，根据其事迹及作用、影响，按照以下标准确定奖励等级：

（一）对成绩突出的，给予嘉奖；

（二）对成绩突出，有较大贡献的，记三等功；

（三）对成绩显著，有重要贡献的，记二等功；

（四）对成绩显著，有重大贡献和影响的，记一等功；

（五）对成绩卓著，有特殊贡献和重大影响，堪称典范的，可以授予荣誉称号。

第十一条　对集体或者个人的同一事迹只能给予一次奖励。对同一集体或者个人一年内原则上不重复给予同等级及以下等级奖励。

第十二条　集体或者个人因涉嫌违法违纪等问题正在接受组织调查的，应当暂停实施奖励。

集体发生严重违法违纪或者重大失职、失误问题的，原则上一年内不予奖励；情节特别严重、影响特别恶劣的，原则上两年内不予奖励。个人受党纪、政纪处分期间，原则上不予奖励。有重大或特殊贡献的集体或者个人，可以不受上述时限限制。

第四章　奖励的权限

第十三条　公安部的批准权限：

（一）全国公安机关集体和个人授予荣誉称号、记一等功奖励，其中授予全国公安系统一级英雄模范称号，由人力资源社会保障部会同公安部审批；

（二）省级公安机关及其领导班子成员嘉奖、记三等功、二等功奖励；

（三）公安部机关内设机构及直属单位集体和个人嘉奖、记三等功、二等功奖励。

第十四条 省级公安机关的批准权限：

（一）公安部批准权限以外的本地区公安机关集体和个人记二等功；

（二）市（地）级公安机关及其领导班子成员嘉奖、记三等功奖励；

（三）省级公安机关内设机构及直属单位集体和个人嘉奖、记三等功奖励。

第十五条 市（地）级公安机关批准上级公安机关批准权限以外的本地区公安机关集体和个人嘉奖、记三等功奖励。

第十六条 经公安部批准，省级公安机关领导班子成员以外的个人记一等功，可以由所在省级公安机关办理；经市（地）级公安机关批准，县级公安机关及其领导班子成员以外的集体和个人嘉奖，可以由所在县级公安机关办理。

第十七条 铁路公安局、交通运输部公安局、中国民用航空局公安局、国家林业局森林公安局、海关总署缉私局执行省级公安机关的批准权限，其所属下级公安机关参照执行市（地）级以下公安机关的批准权限。

第十八条 对受组织委派，离开原单位执行临时任务或者借调、挂职的人民警察，时间一年以上，符合奖励条件的，可以由临时所在单位，按照批准权限实施奖励或者申报奖励；时间不足一年，符合奖励条件的，由临时所在单位向原单位介绍情况，由原单位按照批准权限实施奖励或者申报奖励。

第五章 奖励的实施

第十九条 对集体和个人实施奖励，一般按照下列程序进行：

（一）对符合奖励条件的集体和个人，由所在单位民主推荐，集体研究提出奖励申报意见；

（二）公安机关政工部门对申报奖励对象事迹进行核实，并在征求相关部门意见后，提出奖励审核意见；

（三）公安机关研究确定奖励批准意见，组织进行公示后予以公布。超过本级公安机关批准权限的，报上级公安机关审批。

对在抢险救灾、重大突发事件处置、重大活动安全保卫、重大案件侦破等工作中成绩特别突出的集体和个人，必要时，可以简化程序，由奖励批准机关的政工部门提出奖励建议，奖励批准机关直接批准奖励。

第二十条 奖励申报意见应当在相关集体和个人做出符合奖励条件的成绩后一个月内提出；对下级公安机关的奖励申报意见，奖励审核、批准机关应当分别在收到奖励申报材料两个月内完成审核、审批工作。特殊情况下，应当及时完成奖励申报、审核、审批工作。

第二十一条 对拟实施奖励的集体和个人，奖励申报、审核、批准机关的政工部门应当征求本级公安机关纪检监察、法制和相关业务部门的意见。对拟实施奖励的个人，必要时，应当按照干部管理权限，征得主管机关同意，并征求纪检机关（监察部门）和有关部门意见。

第二十二条 对拟记三等功以上奖励的集体和个人，由奖励批准机关组织考核，或者委托下一级公安机关的政工部门组织考核，受委托的政工部门不得再行委托。

第二十三条 对拟记三等功以上奖励的集体和个人，除涉密等特殊情况外，应当逐级在一定范围内进行公示，公示时间原则上不少于七个工作日。

第二十四条 对集体和个人实施奖励的决定，以奖励批准机关行政首长签署命令的形式下达。行政首长空缺时，以奖励批准机关印发决定的形式下达。

对集体和个人实施奖励的决定应当及时宣布，并举行简约、俭朴的授奖仪式。必要时，可以召开表彰会。

第二十五条 对集体和个人的奖励实施后，奖励命令、审批表和其他有关材料存入公安机关文书档案，个人奖励审批表同时存入本人档案。

第二十六条 年度个人嘉奖和记三等功、二等功、一等功奖励的比例，分别不高于当年实有在编在职人民警察总数的百分之九、百分之三、千分之三、万分之三。根据公务员年度考核结果给予的个人嘉奖、记三等功奖励，不受年度奖励比例限制。

年度集体、个人授予荣誉称号和集体记一等功，不规定具体比例，由公安部根据实际情况审批。年度集体记二等功以下奖励的比例，由省级公安机关根据实际情况规定。

第二十七条 厅、局级以上单位、个人和市（地）级以上公安机关领导班子成员一般不予奖励；处级单位和个人奖励从严控制；基层和一线实战单位及其人民警察奖励数量应当占年度奖励总数的百分之八十五以上。

第二十八条 对执行重大抢险救灾、重大突发事件处置、重大活动安全保卫等专项任务的，经公安部批准，可以适当提高年度奖励比例。

第二十九条 对在执行重大专项工作任务中做出突出成绩的集体和个人，其上级公安机关可以行政首长签署嘉奖令的形式，及时予以鼓励。

第六章　获奖的标志和待遇

第三十条　奖励批准机关对获得奖励的集体颁发奖匾或者奖状；对获得记三等功以上奖励的个人颁发奖章和证书；对获得嘉奖奖励的个人颁发证书。

第三十一条　奖匾、奖状、奖章、证书按照公安部统一规定的式样、质地和规格制作。属于公安部批准权限的由公安部负责制作，属于省级以下公安机关批准权限的由省级公安机关负责制作。

第三十二条　奖匾、奖状、奖章、证书由获得奖励的集体和个人妥善保存。获得奖励的个人在参加重要会议或者重大活动时可以将奖章佩戴在左胸前。

第三十三条　奖匾、奖状、奖章、证书丢失或者毁损的，应当向所在公安机关政工部门报告，并由政工部门核实后按照程序报奖励批准机关予以补发或者更换。

第三十四条　奖励批准机关对获得奖励的集体和个人统一按照下列标准颁发奖金：

集体嘉奖五千元，集体三等功一万元，集体二等功两万元，集体一等功三万元，集体荣誉称号五万元。

个人嘉奖两千元，个人三等功五千元，个人二等功一万元，个人一等功两万元，全国公安系统二级英雄模范五万元，全国公安系统一级英雄模范八万元。

集体奖励的奖金一般作为工作经费由集体使用，原则上不得向个人发放。

第三十五条　获得授予或者追授全国公安系统一级英雄模范、二级英雄模范荣誉称号奖励的个人的子女，符合条件的，可以保送进入普通公安高等院校学习。

第三十六条　获得记一等功以上奖励的个人，可以按照有关规定提前晋升警衔。

第三十七条　获得记三等功以上奖励（含追记、追授的）的个人死亡后，按照国家有关规定增发一次性抚恤金。

获得全国公安系统一级英雄模范、二级英雄模范称号的个人死亡后，按照有关规定进行吊唁。

第三十八条　获得奖励的个人，根据国家有关规定享受其他待遇。

第七章　获奖对象的教育管理

第三十九条　对获得奖励的集体和个人，各级公安机关应当加强教育管理，在政治思想上、工作上和生活上给予关心和爱护，使他们保持荣誉，不断进步。

第四十条 对获得授予荣誉称号的集体和个人，由省级公安机关建立联系制度和管理档案，定期组织进行考察，及时了解掌握情况，并每年报公安部备案。对获得其他奖励的集体和个人，由市（地）级以下公安机关根据实际情况，确定重点对象，建立联系制度和管理档案，定期报上级公安机关备案。

第四十一条 获得授予荣誉称号的集体和个人发生违法违纪问题，或者获得荣誉称号的个人有调离、退休、死亡等情况，其所在公安机关应当按照程序及时报公安部备案。

第四十二条 对获得奖励的个人，应当定期组织开展培训和休养活动。省级以上公安机关应当每年组织功模民警培训和休养；市（地）级以下公安机关功模民警培训和休养结合实际组织开展。

第八章　奖励的撤销

第四十三条 获得奖励的集体或者个人，有下列情形之一的，应当撤销其奖励：

（一）伪造事迹或者申报奖励时隐瞒严重问题，骗取奖励的；

（二）严重违反规定奖励程序的；

（三）获得授予荣誉称号奖励的集体发生违法违纪问题，造成恶劣影响的；

（四）获得授予荣誉称号奖励的个人受到开除处分、刑事处罚，或者犯有其他严重错误，丧失模范作用的；

（五）法律、法规规定应当撤销奖励的其他情形。

第四十四条 撤销奖励，由原奖励申报机关按照程序报请原奖励批准机关审批。必要时，原奖励批准机关可以直接撤销奖励。

第四十五条 奖励撤销后，由原奖励批准机关收回奖匾、奖状或者奖章、证书，并停止其享受的有关待遇。属于第四十三条第（一）项、第（二）项规定情形的，同时收回奖金。撤销个人奖励的决定存入本人档案。

第九章　附　　则

第四十六条 本条令适用于全国各级公安机关，铁路、交通、民航、森林公安机关和海关缉私部门及其人民警察。

公安机关所属单位及其在编在职人员，公安机关见习期人民警察、离退休人民警察、在编在职工勤人员和公安院校全日制普通学历教育学生参照执行。

公安现役部队奖励工作执行《中国人民解放军纪律条令》。

第四十七条 公安机关开展其他评比表彰活动，按照中共中央办公厅、国务院办公厅印发的《评比达标表彰活动管理办法（试行）》（中办发〔2010〕33号）执行。

第四十八条 本条令所称“以上”、“以下”含本级、本数。

第四十九条 本条令自2016年1月1日起施行。2003年7月24日颁布的《公安机关人民警察奖励条令》（公安部令第66号）同时废止。

公安机关人民警察训练条令

（2014年11月29日公安部令第134号公布　自2015年1月1日起施行）

第一章　总　　则

第一条 为加强和规范公安机关人民警察训练工作，根据《中华人民共和国公务员法》、《中华人民共和国人民警察法》，制定本条令。

第二条 公安机关人民警察训练是提高队伍战斗力的根本途径，在队伍建设中居于先导性、基础性和战略性地位。各级公安机关应当加强人民警察训练工作科学化、规范化、信息化、实战化建设，向训练要素质、要警力、要战斗力。

第三条 公安机关人民警察训练坚持贯彻党和国家的干部教育培训方针、政策，坚持从公安工作和队伍建设实际需要出发，坚持为公安中心工作服务，坚持为公安实战服务。

第四条 公安机关人民警察训练的目的是提高队伍的整体素质和执法水平，增强履行职责的能力，努力打造一支信念坚定、执法为民、敢于担当、清正廉洁的公安队伍。

第五条 公安机关人民警察有接受训练的权利和义务。各级公安机关应当保证人民警察定期接受训练，引导和帮助人民警察自学自练。人民警察应当遵守训练规章制度，完成规定的训练任务。

第六条 公安机关人民警察训练应当发扬理论联系实际的优良学风，坚持厉行节约，反对铺张浪费。

第七条 公安机关人民警察训练包括入警训练、晋升训练、专业训练和发展训练。

第二章　职责分工

第八条 公安机关人民警察训练实行统一领导，分工负责，分级管理，分类实施。

第九条 公安机关人民警察训练实行领导责任制，各级公安机关主要领导是第一责任人。

第十条 公安机关政工部门是训练工作的主管部门，负责规划、组织、指导、管理、实施训练工作。

第十一条 公安机关警种、部门在政工部门的管理、指导下，负责规划、组织、实施本系统专业训练和发展训练。

第十二条 公安机关法制部门负责执法资格等级考试和组织、参与执法培训工作。

第十三条 公安机关装备财务部门负责训练经费、装备保障。

第十四条 公安院校和公安机关训练基地承担公安机关人民警察训练任务。

第十五条 公安部主管全国公安机关人民警察训练工作，负责制定训练规章、规划、标准，组织编发各级各类训练大纲、教材，推进训练信息化建设，指导、监督、检查、协调、评估训练工作，部署、组织全国性的训练和考试考核，并承担以下训练任务：

（一）从非公安系统调入的省级公安机关副职以上领导职务、市县两级公安机关正职领导职务人员的入警训练；

（二）晋升省级公安机关副职以上领导职务、省级公安机关内设机构正职领导职务、市县两级公安机关正职领导职务人民警察的职务晋升训练，晋升三级警监以上警衔人民警察的警衔晋升训练；

（三）省级公安机关副职以上领导职务、省级公安机关内设机构正职领导职务、市级公安机关正职领导职务人民警察和部分业务骨干的专业训练；

（四）公安部机关及直属单位人民警察的入警训练、晋升训练、专业训练；

（五）适应形势任务需要实施的发展训练。

第十六条 省级公安机关主管本地区公安机关人民警察训练工作，负责制定本地区训练制度、规划、标准，组织编发训练辅助教材，建设网络训练平台，制定本地区训练保障计划，组织、指导训练保障工作，指导、监督、检查、协调、评估本地区训练工作，组织、实施地区性的训练和考试考核，并承担以下训练任务：

（一）本地区除公安部负责训练以外人员的入警训练；

（二）晋升省级公安机关内设机构副职领导职务、市县两级公安机关副职领导职务、县级公安机关内设和派出机构正职领导职务人民警察的职务晋升训练，晋升三级警督警衔至一级警督警衔人民警察的警衔晋升训练；

（三）省级公安机关内设机构副职领导职务，市级公安机关副职领导职务和内设机构正职领导职务，县级公安机关正副职领导职务、内设和派出机构正职领导职务人民警察及部分业务骨干的专业训练；

（四）省级公安机关及直属单位除公安部负责训练以外的人民警察的晋升训练、专业训练；

（五）适应形势任务需要实施的发展训练；

（六）公安部授权、委托的训练任务。

晋升三级警督警衔至一级警督警衔人民警察的警衔晋升训练，县级公安机关内设和派出机构正职领导职务人民警察的晋升训练、专业训练，可授权或委托市级公安机关承担。

第十七条 市级公安机关主管本地区公安机关人民警察训练工作，负责制定本地区训练计划并组织实施训练工作，指导、监督、检查、考核、保障本地区训练工作，并承担以下训练任务：

（一）本地区除上级公安机关负责训练以外人民警察的职务晋升训练、晋升一级警员警衔至一级警司警衔人民警察的警衔晋升训练；

（二）根据岗位职责要求实施的专业训练；

（三）适应形势任务需要实施的发展训练；

（四）上级公安机关授权、委托的训练任务。

第十八条 县级公安机关根据上级公安机关的安排和要求，承担本级公安机关除上级公安机关负责训练以外的人民警察的专业训练和适应形势任务需要实施的发展训练。

第三章 训练任务

第十九条 入警训练是对新录用、调入的人员进行的训练。

入警训练时间不少于90天。其中，新录用的非公安院校毕业生，新录用、调入任县处级副职职务以下人员的入警训练时间为180天。实践教学时间不少于总训练时间的30%。

入警训练内容主要包括理想信念教育、警察职业养成教育、基础公安理论、基础法律法规、基础公安业务和基础警务实战技能、体能、心理行为训练等，重点培育人民警察核心价值观和基本职业素养，提高适应公安工作能力。其中，基础警务实战技能和体能训练课程不少于集中训练课程的30%。

第二十条 晋升训练是对晋升职务、晋升警衔的人民警察进行的训练。

晋升训练时间不少于15天。其中，新任市、县级公安机关正职领导职务的训练时间不少于30天。

职务晋升训练内容主要包括党性党风教育、国际国内形势、经济社会发展、公安发展战略、公安法制与执法、科学决策指挥、突发事件应对等，重点培养战略思维和管理素养，提高胜任领导工作能力。

警衔晋升训练内容根据训练对象和工作需要，参照职务晋升训练设定，重点培养专业精神，增强职业荣誉感，提高综合素质和履职能力。

凡已经参加同级或者上级公安机关组织的职务晋升训练或者警衔晋升训练并且训练合格的人民警察，1 年内可不再重复参加晋升训练。

第二十一条 专业训练是警种、部门根据人民警察岗位职责要求进行的训练。

专业训练时间由政工部门和警种、部门根据实际确定，保证人民警察每年至少参加一次专业训练，三年累计不少于 30 天。基层和一线民警每年的实战训练时间累计不少于 15 天。

专业训练内容主要包括岗位政策法规、业务知识、专业技能和专项警务实战技能、体能、心理行为训练等，重点培养专业素养，强化知识更新，提高工作能力。其中，单警装备使用、枪支基本操作、枪支实弹射击、徒手攻防技能、体能达标训练等课程不少于专业训练课程的 30%。

第二十二条 发展训练是公安机关应对新形势、新任务，按照国家关于干部教育培训的有关要求，着眼公安工作长远发展和人民警察健康成长组织的训练。

发展训练主要包括在职领导干部专题训练、后备干部培养训练、专家和业务骨干研修、教官业务提高训练、民警职业拓展训练等。

发展训练的时间、内容根据实际需要和有关规定确定。

第二十三条 公安机关应当紧贴实战需要，推进训练工作信息化建设，利用科技信息手段开展学习、训练、管理、考核。

推行实战案例教学，基层和一线人民警察的案例教学课程不少于总课程的 30%。

市县两级公安机关实行“轮训轮值、战训合一”训练模式，提高训练工作效率和效益。

第二十四条 公安机关人民警察应当以提高岗位履职能力和实战本领为目标，通过岗位练兵、在线学习等形式开展自学自练，达到训练考核标准。

基层和一线民警应当根据体育锻炼达标标准，积极参加体育健身锻炼，增强身体素质和体能素质。

第四章　训练机构

第二十五条 部、省、设区的市级公安机关应当在政工部门设立教育训练机构，县级公安机关应当在政工部门设立训练机构或配备专职训练管理人员。省级以上公安机关主要警种、部门应当设立训练机构或配备专职训练管理人员。

第二十六条 省级以上公安机关应当建立或者依托公安院校设立训练基地，设区的市级公安机关和具备条件的县级公安机关应当建立训练基地。

第二十七条 训练基地应当符合《公安机关业务技术用房建设标准》，并具备下列基本条件：

（一）健全的组织机构和管理制度；

（二）与训练任务相适应的专职、兼职教官和管理人员；

（三）与训练任务相适应的训练场所、设施、装备；

（四）根据任务需要研发训练课程的能力；

（五）稳定的经费保障。

第二十八条 训练基地作为本级公安机关内设机构或直属单位，实行政工部门与训练基地“一体化”领导管理体制，由政工部门领导兼任训练基地主要领导职务。

第二十九条 公安机关应当加强公安院校建设，充分利用其教学科研优势，加强训练理论研究，开展高层次、高水平和综合性的训练工作，在训练中发挥引领和高地作用。

第五章 训练教官

第三十条 公安机关应当加强教官队伍建设，按照素质优良、规模适当、结构合理、专兼结合的原则，建立政治坚定、业务精湛、门类齐全、充满活力的教官队伍。

第三十一条 教官是指从事公安机关人民警察训练教学及研究工作的人民警察。在规定期限内专职从事训练教学及研究工作的，为专职教官；兼职从事训练教学及研究工作的，为兼职教官。

第三十二条 教官应当热爱公安教育训练事业，具有良好的思想政治素质和职业道德修养，具有公安工作实践经验和教学研究能力，能够承担训练教学、课程研发等任务。

第三十三条 教官实行聘任和资格认证制度。教官聘任和资格认证应当遵循统一规划、分级管理、择优选聘、优胜劣汰的原则，采取个人申报、组织推荐、单位初审、专家评审、组织聘任等方式进行。

第三十四条 教官在聘任期内完成年度训练教学任务，享受相应课酬、学习资料费、课程研发费等待遇，并在晋职晋级、评优评先时予以优先考虑。

第三十五条 建立教官知识更新机制。公安机关应当支持并组织教官参加进修学习和教学研究活动，定期安排教官到业务部门进行实践和调研。专职教官实践和调研时间每年不少于 30 天。

第三十六条 实行领导干部授课和业务骨干推优任教制度，鼓励和选拔符合条件的优秀人员离岗任教。离岗任教经历列为基层工作经历。

第三十七条　公安机关应当充分利用社会资源，选聘专家学者参与人民警察训练工作。

第六章　经 费 装 备

第三十八条　公安机关应当将人民警察训练经费列入年度预算，按照不低于公用经费5%的标准足额保障，单独立项，专款专用。按照“谁调训、谁负责”的原则，切实保障训练经费。

第三十九条　公安机关应当为公安院校和人民警察训练基地配备与训练任务相适应的装备和器材，并将新装备优先免费配备公安院校和训练基地。

第七章　管 理 考 核

第四十条　公安机关人民警察训练实行警务化管理，坚持严格教育、严格训练、严格管理、严格考核。

第四十一条　公安机关应当在晋升训练前，组织人民警察参加基本知识、基本技能和基本体能考试考核。考试考核合格者，方可参加晋升训练。

第四十二条　公安机关应当根据训练大纲、教学计划实施训练，组织参加训练的人民警察进行考试考核。考试考核结果由政工部门予以认定，并通报参训人民警察所在单位。

第四十三条　公安机关人民警察训练考试考核合格后，方可按照有关规定上岗、任职、晋升职务或者授予、晋升警衔。提拔担任领导职务的，确因特殊情况在提任职务前未达到训练要求的，应当在提任后1年内完成训练。

考试考核不合格的，应当在限定时间内进行复训。入警复训不合格的不得上岗，直至取消录用资格；其他复训不合格的，公务员年度考核不得评为优秀等次，并根据有关规定不予晋升职务或者警衔。

第四十四条　公安机关人民警察训练期间违反有关规定和纪律的，视情节轻重，给予批评教育直至纪律处分。

第四十五条　公安机关应当建立训历档案，如实记载人民警察参加训练的情况和考核结果，作为年度考核、任用考察的一项重要内容，建立训练与晋升、育人与用人紧密衔接的工作机制。

第四十六条　公安机关应当定期对训练工作进行绩效考核，对训练基地进行达标评估。训练工作绩效考核不合格的，年度内不得参加评优活动；训练基地评估不达标的，不得承担训练任务。

第四十七条　公安机关对在训练工作中做出突出贡献的单位和个人，应当给予奖励。

第八章　附　　则

第四十八条　各省、自治区、直辖市公安厅、局，新疆生产建设兵团公安局，各行业公安局，根据本条令制定具体办法和实施细则。

第四十九条　本条令所称“以上”、“以下”均含本级。

第五十条　本条令自2015年1月1日起施行，2001年11月26日颁布的《公安机关人民警察训练条令》同时废止。

公安机关人民警察证使用管理规定

（2005年12月6日公安部令第81号公布　根据2008年2月28日公安部令第97号第一次修订　根据2014年6月29日《公安部关于修改部分部门规章的决定》第二次修订）

第一条　为了加强公安队伍正规化建设，规范和保障公安机关人民警察依法履行职责，根据《中华人民共和国人民警察法》，制定本规定。

第二条　本规定适用于全国各级公安机关，铁路、交通、民航、森林公安机关和海关缉私部门及其人民警察。

第三条　公安机关人民警察使用统一的人民警察证。

第四条　人民警察证是公安机关人民警察身份和依法执行职务的凭证和标志。

公安机关人民警察在依法执行职务时，除法律、法规另有规定外，应当随身携带人民警察证，主动出示并表明人民警察身份。

第五条　人民警察证发放范围为公安机关在编、在职并已经评授警衔的人民警察。

严禁向非发放范围人员发放人民警察证。

第六条　人民警察证由专用皮夹和内卡组成，必须内容齐全且同时使用方可有效。

人民警察证皮夹为竖式黑色皮质，外部正面镂刻警徽图案、“人民警察证”字样，背面镂刻英文“CHINA POLICE”字样；内部上端镶嵌警徽一枚和“公安”两字，下端放置内卡。

人民警察证内卡正面印制持证人照片、姓名、所在县级以上公安机关名称和警号，背面印制持证人姓名、性别、出生日期、职务、警衔、血型、人民警察证有效期限，以及“人民警察证”、“CHINA POLICE”和“中华人民共和国公安部监制”字样。

第七条 人民警察证制作、发放实行分级管理。

公安部负责制定、发布证件式样和技术标准，组织制作、发放证件皮夹。各省、自治区、直辖市公安厅、局和新疆生产建设兵团公安局，铁路、交通、民航、森林公安机关和海关缉私部门有关主管部门组织制作、发放本辖区或者本系统公安机关人民警察证内卡。

公安机关政工部门负责人民警察证的使用管理工作。

第八条 人民警察证列入公安警用装备管理。

第九条 人民警察证内卡记载主要内容发生变动、确需换发的，发证部门应当及时予以换发。

第十条 公安机关人民警察具有下列情形之一的，所在县级以上公安机关应当及时收回其人民警察证并进行备案：

（一）离、退休；

（二）调离公安机关；

（三）辞去公职；

（四）因其他原因应当收回的。

公安机关人民警察被辞退、开除公职、判处刑罚或者免予刑事处罚的，所在县级以上公安机关应当及时收缴其人民警察证并进行备案。

第十一条 公安机关人民警察具有下列情形之一的，所在县级以上公安机关应当暂时收回其人民警察证：

（一）因涉嫌违法违纪被立案审查，尚未作出结论的；

（二）被停止执行职务或者被禁闭的；

（三）因其他原因应当暂时收回的。

第十二条 公安机关人民警察应当爱护和妥善保管人民警察证，防止遗失、被盗、被抢或者损坏。

公安机关人民警察发现人民警察证遗失、被盗、被抢或者严重损坏、无法继续使用的，应当及时报告所在县级以上公安机关并申请补办。

人民警察证严重损坏、无法继续使用的，发证机关应当在办理补办手续时收回原证件。

第十三条 公安机关人民警察不得涂改、损坏、复制、转借、抵押、赠送、买卖人民警察证，不得将人民警察证用于非警务活动或者非法活动。

公安机关人民警察违反前款规定的，应当依照有关规定予以纪律处分或者追究法律责任。

第十四条 人民警察证主管部门和管理人员违反本规定，擅自制作、发放人民警察证或者有其他失职、渎职行为的，应当依照有关规定予以纪律处分或者追究法律责任。

第十五条 人民警察证由公安部按照《公安机关人民警察证技术标准》统一监制。

第十六条 各省、自治区、直辖市公安厅、局和新疆生产建设兵团公安局，铁路、交通、民航、森林公安机关和海关缉私部门有关主管部门可以结合实际，根据本规定制定实施细则并报公安部备案。

公安边防、消防、警卫部队人民警察证的使用管理按照本规定执行，并可结合实际制定实施细则报公安部备案。

第十七条 本规定自二〇〇八年二月二十八日起施行。

警车管理规定

（2006 年 11 月 29 日公安部令第 89 号公布　自公布之日起施行）

第一条 为了加强对警车使用的管理，保障公安机关、国家安全机关、监狱、劳动教养管理机关的人民警察和人民法院、人民检察院的司法警察依法执行紧急职务，根据《中华人民共和国人民警察法》、《中华人民共和国道路交通安全法》及其实施条例，制定本规定。

第二条 本规定所称警车，是指公安机关、国家安全机关、监狱、劳动教养管理机关和人民法院、人民检察院用于执行紧急职务的机动车辆。警车包括：

（一）公安机关用于执行侦查、警卫、治安、交通管理的巡逻车、勘察车、护卫车、囚车以及其他执行职务的车辆；

（二）国家安全机关用于执行侦查任务和其他特殊职务的车辆；

（三）监狱、劳动教养管理机关用于押解罪犯、运送劳教人员的囚车和追缉逃犯的车辆；

（四）人民法院用于押解犯罪嫌疑人和罪犯的囚车、刑场指挥车、法医勘察车和死刑执行车；

（五）人民检察院用于侦查刑事犯罪案件的现场勘察车和押解犯罪嫌疑人的囚车。

第三条 警车车型由公安部统一确定。汽车为大、中、小、微型客车和执行紧急救援、现场处置等专门用途的车辆；摩托车为二轮摩托车和侧三轮摩托车。

第四条 警车应当采用全国统一的外观制式。

警车外观制式采用白底，由专用的图形、车徽、编号、汉字“警察”和部门的汉字简称以及英文“POLICE”等要素构成。各要素的形状、颜色、规格、位置、字体、字号、材质等应当符合警车外观制式涂装规范和涂装用定色漆等行业标准。

公安机关、国家安全机关、监狱、劳动教养管理机关和人民法院、人民检察院的部门汉字简称分别为“公安”、“国安”、“司法”和“法院”、“检察”。

第五条 警车应当安装固定式警用标志灯具。汽车的标志灯具安装在驾驶室顶部；摩托车的标志灯具安装在后轮右侧。警用标志灯具及安装应当符合特种车辆标志灯具的国家标准。

第六条 警车应当安装警用警报器。警车警报器应当符合车用电子警报器的国家标准。

第七条 警车号牌分为汽车、摩托车两种。均为铝质材，底色为白底反光。号牌应当符合《警车号牌式样》和机动车号牌的行业标准。

第八条 省、自治区、直辖市公安厅、局对警车实行定编管理，统一确定警车的编号，并建立管理档案。

第九条 公安机关、国家安全机关、监狱、劳动教养管理机关和人民法院、人民检察院申请办理警车注册登记，应当填写《警车号牌审批表》，提交法定证明、凭证，由本部门所在的设区的市或者相当于同级的主管机关汇总后送当地同级公安机关审查后，报省、自治区、直辖市公安厅、局审批。

第十条 省、自治区、直辖市公安厅、局交通管理部门负责办理警车登记业务，核发警车号牌、行驶证和登记证书。警车的登记信息应当进入全国公安交通管理信息系统。

领取警车牌证前，已有民用机动车牌证的，应当将民用机动车牌证交回原发证机关。

第十一条 警车号牌的安装应当符合民用机动车号牌的安装要求。其中，汽车号牌应当在车身前、后部各安装一面；摩托车号牌应当在车身后部安装一面。

第十二条 省、自治区、直辖市公安厅、局交通管理部门办理警车注册登记时，应当对申请警车号牌的机动车进行审查。审查内容除按民用机动车要求外，还应当审查警车车型、外观制式、标志灯具和警报器是否符合有关规范和标准。

第十三条 警车应当按照法律、法规规定进行机动车安全技术检验。省、自治区公安机关交通管理部门可以委托设区的市公安机关交通管理部门核发机动车检验合格标志。

第十四条 公安机关、国家安全机关、监狱、劳动教养管理机关和人民法院、人民检察院应当严格管理本部门的警车。警车除执行本规定第二条所列任务外，不得挪作他用。

警车应当由警车所属单位的人民警察驾驶，驾驶警车时应当按照规定着制式警服（驾驶汽车可不戴警帽，驾驶摩托车应当戴制式警用安全头盔），持有机动车驾驶证和人民警察证。驾驶实习期内的人民警察不得驾驶警车。

人民警察驾驶警车到异地执行职务的，应当遵守有关办案协作的规定。

第十五条 警车在道路上行驶应当遵守《中华人民共和国道路交通安全法》及其实施条例和其他有关法规的规定，服从交通警察的指挥和检查。

第十六条 警车执行下列任务时可以使用警用标志灯具、警报器：

（一）赶赴刑事案件、治安案件、交通事故及其他突发事件现场；

（二）追捕犯罪嫌疑人和在逃的罪犯、劳教人员；

（三）追缉交通肇事逃逸车辆和人员；

（四）押解犯罪嫌疑人、罪犯和劳教人员；

（五）执行警卫、警戒和治安、交通巡逻等任务。

第十七条 除护卫国宾车队、追捕现行犯罪嫌疑人、赶赴突发事件现场外，驾驶警车的人民警察在使用警用标志灯具、警报器时，应当遵守下列规定：

（一）一般情况下，只使用警用标志灯具；通过车辆、人员繁杂的路段、路口或者警告其他车辆让行时，可以断续使用警报器；

（二）两辆以上警车列队行驶时，前车如使用警报器，后车不得再使用警报器；

（三）在公安机关明令禁止鸣警报器的道路或者区域内不得使用警报器。

第十八条 警车执行紧急任务使用警用标志灯具、警报器时，享有优先通行权；警车及其护卫的车队，在确保安全的原则下，可以不受行驶路线、行驶方向、行驶速度和交通信号灯、交通标志标线的限制。

遇使用警用标志灯具、警报器的警车及其护卫的车队，其他车辆和人员应当立即避让；交通警察在保证交通安全的前提下，应当提供优先通行的便利。

第十九条 警车牌证遗失或者损坏的，应当及时按申办途径报告原发牌机关，申请补发。

警车转为民用机动车的，应当拆除警用标志灯具和警报器，清除车身警用外观制式，收回警车号牌，并办理相关变更、转移登记手续。

警车达到国家规定的强制报废标准的，应当按照法律、法规规定报废。

第二十条 严禁转借警车，严禁伪造、涂改、冒领、挪用警车牌证。

第二十一条 公安机关、国家安全机关、监狱、劳动教养管理机关和人民法院、人民检察院应当制定本部门警车的使用管理规定，并对本部门警车的管理和使用情况进行监督检查。

公安机关警务督察部门应当对公安机关警车的管理和使用情况进行监督检查。

公安机关交通管理部门在执勤执法、核发机动车检验合格标志等工作中，应当对警车外观制式的完整性进行检查，并对违反警车管理和使用规定的行为向有关部门报告。

第二十二条 对非法涂装警车外观制式，非法安装警用标志灯具、警报器，非法生产、买卖、使用以及伪造、涂改、冒领警车牌证的，依据《中华人民共和国人民警察法》、《中华人民共和国道路交通安全法》和《中华人民共和国治安管理处罚法》的有关规定处罚，强制拆除、收缴警用标志灯具、警报器和警车牌证，并予以治安处罚；构成犯罪的，依法追究当事人的刑事责任。

第二十三条 违反本规定，有下列情形之一的，依据《中华人民共和国人民警察法》和《中华人民共和国道路交通安全法》及相关规定，对有关人员给予处分：

（一）不按规定审批和核发警车牌证的；

（二）不按规定涂装全国统一的警车外观制式的；

（三）驾驶警车时不按规定着装、携带机动车驾驶证、人民警察证的；

（四）滥用警用标志灯具、警报器的；

（五）不按规定使用警车或者转借警车的；

（六）不按规定办理警车变更、转移登记手续的；

（七）挪用、转借警车牌证的；

（八）其他违反本规定的行为。

第二十四条 本规定自发布之日起施行。公安部1995年6月29日发布的《警车管理规定》（公安部令第27号）同时废止。公安部此前发布的其他规定与本规定不一致的，以本规定为准。

中华人民共和国人民警察使用警械和武器条例

（1996年1月8日国务院第41次常务会议通过　1996年1月16日中华人民共和国国务院令第191号发布　自发布之日起施行）

第一章　总　　则

第一条 为了保障人民警察依法履行职责，正确使用警械和武器，及时有效地制止违法犯罪行为，维护公共安全和社会秩序，保护公民的人身安全和合法财产，保护公共财产，根据《中华人民共和国人民警察法》和其他有关法律的规定，制定本条例。

第二条 人民警察制止违法犯罪行为，可以采取强制手段；根据需要，可以依照本条例的规定使用警械；使用警械不能制止，或者不使用武器制止，可能发生严重危害后果的，可以依照本条例的规定使用武器。

第三条 本条例所称警械，是指人民警察按照规定装备的警棍、催泪弹、高压水枪、特种防暴枪、手铐、脚镣、警绳等警用器械；所称武器，是指人民警察按照规定装备的枪支、弹药等致命性警用武器。

第四条 人民警察使用警械和武器，应当以制止违法犯罪行为，尽量减少人员伤亡、财产损失为原则。

第五条 人民警察依法使用警械和武器的行为，受法律保护。

人民警察不得违反本条例的规定使用警械和武器。

第六条 人民警察使用警械和武器前，应当命令在场无关人员躲避；在场无关人员应当服从人民警察的命令，避免受到伤害或者其他损失。

第二章 警械的使用

第七条 人民警察遇有下列情形之一，经警告无效的，可以使用警棍、催泪弹、高压水枪、特种防暴枪等驱逐性、制服性警械：

（一）结伙斗殴、殴打他人、寻衅滋事、侮辱妇女或者进行其他流氓活动的；

（二）聚众扰乱车站、码头、民用航空站、运动场等公共场所秩序的；

（三）非法举行集会、游行、示威的；

（四）强行冲越人民警察为履行职责设置的警戒线的；

（五）以暴力方法抗拒或者阻碍人民警察依法履行职责的；

（六）袭击人民警察的；

（七）危害公共安全、社会秩序和公民人身安全的其他行为，需要当场制止的；

（八）法律、行政法规规定可以使用警械的其他情形。

人民警察依照前款规定使用警械，应当以制止违法犯罪行为为限度；当违法犯罪行为得到制止时，应当立即停止使用。

第八条 人民警察依法执行下列任务，遇有违法犯罪分子可能脱逃、行凶、自杀、自伤或者有其他危险行为的，可以使用手铐、脚镣、警绳等约束性警械：

（一）抓获违法犯罪分子或者犯罪重大嫌疑人的；

（二）执行逮捕、拘留、看押、押解、审讯、拘传、强制传唤的；

（三）法律、行政法规规定可以使用警械的其他情形。

人民警察依照前款规定使用警械，不得故意造成人身伤害。

第三章　武器的使用

第九条　人民警察判明有下列暴力犯罪行为的紧急情形之一，经警告无效的，可以使用武器：

（一）放火、决水、爆炸等严重危害公共安全的；

（二）劫持航空器、船舰、火车、机动车或者驾驶车、船等机动交通工具，故意危害公共安全的；

（三）抢夺、抢劫枪支弹药、爆炸、剧毒等危险物品，严重危害公共安全的；

（四）使用枪支、爆炸、剧毒等危险物品实施犯罪或者以使用枪支、爆炸、剧毒等危险物品相威胁实施犯罪的；

（五）破坏军事、通讯、交通、能源、防险等重要设施，足以对公共安全造成严重、紧迫危险的；

（六）实施凶杀、劫持人质等暴力行为，危及公民生命安全的；

（七）国家规定的警卫、守卫、警戒的对象和目标受到暴力袭击、破坏或者有受到暴力袭击、破坏的紧迫危险的；

（八）结伙抢劫或者持械抢劫公私财物的；

（九）聚众械斗、暴乱等严重破坏社会治安秩序，用其他方法不能制止的；

（十）以暴力方法抗拒或者阻碍人民警察依法履行职责或者暴力袭击人民警察，危及人民警察生命安全的；

（十一）在押人犯、罪犯聚众骚乱、暴乱、行凶或者脱逃的；

（十二）劫夺在押人犯、罪犯的；

（十三）实施放火、决水、爆炸、凶杀、抢劫或者其他严重暴力犯罪行为后拒捕、逃跑的；

（十四）犯罪分子携带枪支、爆炸、剧毒等危险物品拒捕、逃跑的；

（十五）法律、行政法规规定可以使用武器的其他情形。

人民警察依照前款规定使用武器，来不及警告或者警告后可能导致更为严重危害后果的，可以直接使用武器。

第十条　人民警察遇有下列情形之一的，不得使用武器：

（一）发现实施犯罪的人为怀孕妇女、儿童的，但是使用枪支、爆炸、剧毒等危险物品实施暴力犯罪的除外；

（二）犯罪分子处于群众聚集的场所或者存放大量易燃、易爆、剧毒、放射性等危险物品的场所的，但是不使用武器予以制止，将发生更为严重危害后果的除外。

第十一条 人民警察遇有下列情形之一的，应当立即停止使用武器：

（一）犯罪分子停止实施犯罪，服从人民警察命令的；

（二）犯罪分子失去继续实施犯罪能力的。

第十二条 人民警察使用武器造成犯罪分子或者无辜人员伤亡的，应当及时抢救受伤人员，保护现场，并立即向当地公安机关或者该人民警察所属机关报告。

当地公安机关或者该人民警察所属机关接到报告后，应当及时进行勘验、调查，并及时通知当地人民检察院。

当地公安机关或者该人民警察所属机关应当将犯罪分子或者无辜人员的伤亡情况，及时通知其家属或者其所在单位。

第十三条 人民警察使用武器的，应当将使用武器的情况如实向所属机关书面报告。

第四章 法律责任

第十四条 人民警察违法使用警械、武器，造成不应有的人员伤亡、财产损失，构成犯罪的，依法追究刑事责任；尚不构成犯罪的，依法给予行政处分；对受到伤亡或者财产损失的人员，由该人民警察所属机关依照《中华人民共和国国家赔偿法》的有关规定给予赔偿。

第十五条 人民警察依法使用警械、武器，造成无辜人员伤亡或者财产损失的，由该人民警察所属机关参照《中华人民共和国国家赔偿法》的有关规定给予补偿。

第五章 附则

第十六条 中国人民武装警察部队执行国家赋予的安全保卫任务时使用警械和武器，适用本条例的有关规定。

第十七条 本条例自发布之日起施行。1980 年 7 月 5 日公布施行的《人民警察使用武器和警械的规定》同时废止。

公安机关人民警察执法过错责任追究规定

（2016 年 1 月 14 日公安部令第 138 号公布　自 2016 年 3 月 1 日起施行）

第一章　总　　则

第一条　为落实执法办案责任制，完善执法过错责任追究机制，保障公安机关及其人民警察依法正确履行职责，保护公民、法人和其他组织的合法权益，根据《中华人民共和国人民警察法》、《行政机关公务员处分条例》等有关法律法规，制定本规定。

第二条　本规定所称执法过错是指公安机关人民警察在执法办案中，故意或者过失造成的认定事实错误、适用法律错误、违反法定程序、作出违法处理决定等执法错误。

在事实表述、法条引用、文书制作等方面存在执法瑕疵，不影响案件处理结果的正确性及效力的，不属于本规定所称的执法过错，不予追究执法过错责任，但应当纳入执法质量考评进行监督并予以纠正。

第三条　追究执法过错责任，应当遵循实事求是、有错必纠、过错与处罚相适应、教育与惩处相结合的原则。

第四条　在执法过错责任追究工作中，公安机关纪检监察、督察、人事、法制以及执法办案等部门应当各负其责、互相配合。

第二章　执法过错责任的认定

第五条　执法办案人、鉴定人、审核人、审批人都有故意或者过失造成执法过错的，应当根据各自对执法过错所起的作用，分别承担责任。

第六条　审批人在审批时改变或者不采纳执法办案人、审核人的正确意见造成执法过错的，由审批人承担责任。

第七条　因执法办案人或者审核人弄虚作假、隐瞒真相，导致审批人错误审批造成执法过错的，由执法办案人或者审核人承担主要责任。

第八条　因鉴定人提供虚假、错误鉴定意见造成执法过错的，由鉴定人承担主要责任。

第九条　违反规定的程序，擅自行使职权造成执法过错的，由直接责任人员承担责任。

第十条 下级公安机关人民警察按照规定向上级请示的案件，因上级的决定、命令错误造成执法过错的，由上级有关责任人员承担责任。因下级故意提供虚假材料或者不如实汇报导致执法过错的，由下级有关责任人员承担责任。

下级对超越法律、法规规定的人民警察职责范围的指令，有权拒绝执行，并同时向上级机关报告。没有报告造成执法过错的，由上级和下级分别承担相应的责任；已经报告的，由上级承担责任。

第十一条 对其他执法过错情形，应当根据公安机关人民警察在执法办案中各自承担的职责，区分不同情况，分别追究有关人员的责任。

第三章 对执法过错责任人的处理

第十二条 对执法过错责任人员，应当根据其违法事实、情节、后果和责任程度分别追究刑事责任、行政纪律责任或者作出其他处理。

第十三条 追究行政纪律责任的，由人事部门或者纪检监察部门依照《行政机关公务员处分条例》和《公安机关人民警察纪律条令》等规定依法给予处分；构成犯罪的，依法移送有关司法机关处理。

第十四条 作出其他处理的，由相关部门提出处理意见，经公安机关负责人批准，可以单独或者合并作出以下处理：

（一）诫勉谈话；

（二）责令作出书面检查；

（三）取消评选先进的资格；

（四）通报批评；

（五）停止执行职务；

（六）延期晋级、晋职或者降低警衔；

（七）引咎辞职、责令辞职或者免职；

（八）限期调离公安机关；

（九）辞退或者取消录用。

第十五条 公安机关依法承担国家赔偿责任的案件，除依照本规定追究执法过错责任外，还应当依照《中华人民共和国国家赔偿法》的规定，向有关责任人员追偿部分或者全部赔偿费用。

第十六条 执法过错责任人受到开除处分、刑事处罚或者犯有其他严重错误，应当按照有关规定撤销相关的奖励。

第十七条 发生执法过错案件，影响恶劣、后果严重的，除追究直接责任人员的责任外，还应当依照有关规定追究公安机关领导责任。

年度内发生严重的执法过错或者发生多次执法过错的公安机关和执法办案

部门，本年度不得评选为先进集体。

第十八条 对执法过错责任人的处理情况分别记入人事档案、执法档案，作为考核、定级、晋职、晋升等工作的重要依据。

第十九条 具有下列情形之一的，应当从重追究执法过错责任：

（一）因贪赃枉法、徇私舞弊、刑讯逼供、伪造证据、通风报信、蓄意报复、陷害等故意造成执法过错的；

（二）阻碍追究执法过错责任的；

（三）对检举、控告、申诉人打击报复的；

（四）多次发生执法过错的；

（五）情节恶劣、后果严重的。

第二十条 具有下列情形之一的，可以从轻、减轻或者免予追究执法过错责任：

（一）由于轻微过失造成执法过错的；

（二）主动承认错误，并及时纠正的；

（三）执法过错发生后能够配合有关部门工作，减少损失、挽回影响的；

（四）情节轻微、尚未造成严重后果的。

第二十一条 具有下列情形之一的，不予追究执法过错责任：

（一）因法律法规、司法解释发生变化，改变案件定性、处理的；

（二）因法律规定不明确、有关司法解释不一致，致使案件定性、处理存在争议的；

（三）因不能预见或者无法抗拒的原因致使执法过错发生的；

（四）对案件基本事实的判断存在争议或者疑问，根据证据规则能够予以合理说明的；

（五）因出现新证据而改变原结论的；

（六）原结论依据的法律文书被撤销或者变更的；

（七）因执法相对人的过错致使执法过错发生的。

第四章 执法过错责任追究的程序

第二十二条 追究执法过错责任，由发生执法过错的公安机关负责查处。

上级公安机关发现下级公安机关应当查处而未查处的，应当责成下级公安机关查处；必要时，也可以直接查处。

第二十三条 公安机关纪检监察、督察、审计、法制以及执法办案等部门，应当在各自职责范围内主动、及时检查、纠正和处理执法过错案件。

第二十四条 各有关部门调查后，认为需要法制部门认定执法过错的，可以将案件材料移送法制部门认定。

第二十五条 法制部门认定执法过错案件，可以通过阅卷、组织有关专家讨论、会同有关部门调查核实等方式进行，形成执法过错认定书面意见后，及时送达有关移送部门，由移送部门按照本规定第十三条、第十四条作出处理。

第二十六条 被追究执法过错责任的公安机关人民警察及其所属部门不服执法过错责任追究的，可以在收到执法过错责任追究决定之日起五日内向作出决定的公安机关或者上一级公安机关申诉；接受申诉的公安机关应当认真核实，并在三十日内作出最终决定。法律、法规另有规定的，按照有关规定办理。

第二十七条 因故意或者重大过失造成错案，不受执法过错责任人单位、职务、职级变动或者退休的影响，终身追究执法过错责任。

错案责任人已调至其他公安机关或者其他单位的，应当向其所在单位通报，并提出处理建议；错案责任人在被作出追责决定前，已被开除、辞退且无相关单位的，应当在追责决定中明确其应当承担的责任。

第二十八条 各级公安机关对执法过错案件应当采取有效措施予以整改、纠正，对典型案件应当进行剖析、通报。

第五章 附　则

第二十九条 各省、自治区、直辖市公安厅局和新疆生产建设兵团公安局可以根据本规定，结合本地实际制定实施细则。

第三十条 本规定自2016年3月1日起施行。1999年6月11日发布的《公安机关人民警察执法过错责任追究规定》（公安部令第41号）同时废止。

110接处警工作规则

（2003年4月30日）

第一章 总　则

第一条 为加强公安机关110接处警工作规范化、制度化建设，根据《中华人民共和国人民警察法》及有关规定，制定本规则。

第二条 城市和县（旗）公安局指挥中心应当设立110报警服务台，负责全天24小时受理公众紧急电话报警、求助和对公安机关及其人民警察现时发生的违法违纪或者失职行为的投诉。

第三条 110接处警工作坚持全心全意为人民服务的宗旨，依法打击违法犯罪活动，维护社会治安，提供安全服务。

第四条 110报警服务台在接到紧急报警时，应当进行先期处置，对公安机关各单位和担负处警任务的民警直接指挥，并可调用装备，对处警情况进行监督指导。

公安机关各警种和各实战单位应当建立与110接处警工作相衔接的工作机制，确保及时执行指令。

第五条 110报警服务台应当建立健全工作程序、内部管理、考核考评、通报检查、奖惩等各项制度。

第六条 110报警服务台应当建立监督制约机制，接受上级公安机关和社会各界的检查监督，及时改进工作。

公安部指挥中心负责对全国公安机关110接处警工作进行业务指导、协调和监督。

各省、自治区、直辖市公安厅、局指挥中心负责对本行政区划内的公安机关110接处警工作进行业务指导、协调和监督。

第二章 基本要求

第七条 110报警服务台工作人员应当掌握和使用普通话，在受理报警、求助、投诉时应当做到：

（一）警容严整，行为规范，态度热情；

（二）接听电话时主动说："您好，（市、县）110，号接警员"；

（三）向当事人问明案（事）件的主要情况及当事人的基本情况；

（四）按照统一的表格认真登记、存储，做好接报、指挥、处警工作记录，并立卷备查。

第八条 在外国人来往较多的城市，110报警服务台应当积极创造条件，开通外语接警服务。在少数民族聚居较多的城市，开通当地通用的少数民族语言接警服务。

第九条 公安机关应当根据当地实际情况，合理布置警力，确保案（事）件发生时，处警民警能够及时赶到现场。

第十条 110报警服务台应当及时下达处警指令，公安机关各业务部门、基层单位和人员必须服从110报警服务台发出的处警指令，不得推诿、拖延出警，影响警情的处置。

第十一条 对危及公共安全、人身或者财产安全迫切需要处置的紧急报警、求助和对正在发生的民警严重违法违纪行为的投诉，处警民警接到110报警服务台处警指令后，应当迅速前往现场开展处置工作。对其他非紧急报警、求助和投诉，处警民警应当视情尽快处理。

第十二条 对紧急和非紧急报警、求助的出警时限，由城市和县级公安机关根据市区或者城镇规模、警力资源和道路交通状况等情况决定并予公布，接受公众监督。

第三章 受理报警

第十三条 110接警工作实行“一级接警”，即统一由城市或者县（旗）公安局110报警服务台接警。

第十四条 110报警服务台受理报警的范围：

（一）刑事案件；

（二）治安案（事）件；

（三）危及人身、财产安全或者社会治安秩序的群体性事件；

（四）自然灾害、治安灾害事故；

（五）其他需要公安机关处置的与违法犯罪有关的报警。

第十五条 110报警服务台接到报警后，根据警情调派警力进行处置。对危及公共安全、人身或者财产安全的紧急案（事）件，应当在派警处置的同时，立即向分管负责人报告，并向业务主管部门通报。

第十六条 对接报的符合本规则第十四条规定范围中的重大案（事）件，应当根据警情的性质、事态规模、紧急程度，及时报告分管负责人，并按照工作预案和分管负责人的指示，迅速派警处置。

第十七条 对接报的规模较小、影响不大的一般性群体性事件，应当迅速将情况通报业务主管部门，同时酌情派警维持现场秩序，协助有关部门进行疏导劝阻，防止事态扩大。

第十八条 对接报的规模较大、行为方式激烈的群体性事件，应当立即报告分管负责人，并按照工作预案和分管负责人的指示，派警赶赴现场，控制事态，协助有关部门做好缓解、化解矛盾的工作，尽快平息事态。

第十九条 对接报的自然灾害事故，应当根据灾害的种类、程度派警处置，同时报告分管负责人。

第二十条 对接报的管辖暂不明确的地区发生的案（事）件，应当先指定处警人员进行先期处置，必要时再移交属地公安机关有关部门进行处理。

第二十一条 对谎报警情或者拨打骚扰电话的，应当根据有关法律法规予以查处。

第二十二条 110处警工作实行“一级处警”和“就近处警”、“分类处警”相结合的处警原则；特大城市可以根据实际情况采取适当的处警机制。

第二十三条 处警民警应当按规定着装，警容严整，携带必要的警械、通讯工具等处警装备；专职处警民警应当掌握基本的救人、救灾及医疗救护技能。

第二十四条 处警民警到达现场后，应当根据有关规定对警情妥善处置。处警结束后，应当及时将处警情况向110报警服务台反馈，并做好处警记录。处警结果需要制作法律文书的，按有关规定办理。

第二十五条 对正在发生的案（事）件，最先到达现场的处警民警不足以制止或者控制局面的，应当立即将案（事）件情况报告110报警服务台。110报警服务台应当按照工作预案，迅速调集、指挥有关警种、部门赶赴现场增援或者进行布控查缉。

第二十六条 对接报的跨区域的重大案件，需要进行布控查缉的，110报警服务台在指挥本地警力处置的同时，可视情将情况报告上级公安机关或者通报有关地区公安机关。

有关地区公安机关在接到上级公安机关指令或者案发地公安机关的通报后，应当迅速按照工作预案，落实有关查缉措施，提供必要的协助，并随时与案发地公安机关或者本地公安机关110报警服务台保持联系。

第二十七条 对涉及外籍人员的警情，处警人员除按规定进行处置外，应当及时报告110报警服务台，由110报警服务台及时通知当地公安机关外国人管理部门派人协助开展处置工作。

第二十八条 处警民警使用武器、警械时，应当遵守《中华人民共和国人民警察使用警械和武器条例》等有关规定。

第四章　受理求助

第二十九条 110报警服务台受理求助的范围：

（一）发生溺水、坠楼、自杀等状况，需要公安机关紧急救助的；

（二）老人、儿童以及智障人员、精神疾病患者等人员走失，需要公安机关在一定范围内帮助查找的；

（三）公众遇到危难，处于孤立无援状况，需要立即救助的；

（四）涉及水、电、气、热等公共设施出现险情，威胁公共安全、人身或者财产安全和工作、学习、生活秩序，需要公安机关先期紧急处置的；

（五）需要公安机关处理的其他紧急求助事项。

第三十条 公安机关应当积极参加政府统一领导的城市应急处置工作，并配合有关部门充分履行职责，为社会提供服务。

第三十一条 对于公安机关职责范围以外的可能危及公共安全、人身或者财产安全的紧急求助，110报警服务台应当派警进行先期处置，同时通报相关部门或者单位派员到现场处置。在相关部门或者单位进行处置时，公安机关处警人员可以予以必要的协助。

第三十二条 对于公安机关职责范围以外的非紧急求助，110报警服务台接警工作人员应当告知求助人向所求助事项的主管部门或者单位求助，并视情予以必要的解释。

第三十三条 承担城市应急处置主叫号码任务的110报警服务台接警工作人员，应当及时将公安机关职责范围以外的报警求助电话转到相关单位处置。

第五章 受理投诉

第三十四条 110报警服务台受理投诉的范围：公安机关及其人民警察正在发生的违反《中华人民共和国人民警察法》、《公安机关督察条例》等法律、法规和人民警察各项纪律规定，违法行使职权，不履行法定职责，不遵守各项执法、服务、组织、管理制度和职业道德的各种行为。

第三十五条 公安机关警务督察部门也可设立110接诉台，直接负责接受和处理投诉。

第三十六条 110报警服务台受理投诉应当如实登记，秉公查处，及时反馈。

第三十七条 110报警服务台在受理投诉时，应当向投诉人问明被投诉对象的基本情况、投诉的具体内容和投诉人姓名、工作单位或者家庭住址、联系方式等主要情况。

第三十八条 110报警服务台对投诉内容及投诉人情况应当严格保密，严禁将投诉情况泄露给被投诉对象或者其他人员。

第三十九条 110报警服务台对投诉应当视情采取相应措施，进行处理。

（一）对正在发生的公安机关和民警在依法履行职责、行使职权、遵纪守法等方面存在问题的投诉，应当指令就近警力先期处置，同时通知警务督察部门进行现场调查和处理。

（二）对既往发生的公安机关和民警在依法履行职责、行使职权、遵纪守法等方面存在问题的投诉，应当告知投诉人向公安机关纪检、监察、信访、法制或者其他有管辖权的部门投诉，同时视具体情况移交本级纪检、监察、信访、法制或者其他有管辖权的部门进行调查处理。对110报警服务台移交的投诉，有关部门应当及时查处。

（三）对已通过其他渠道进行投诉或者信访问题，交由原受理部门处理。

（四）外地公安机关的民警或者其他无隶属关系的公安机关的民警在当地被投诉的，应当指令就近警力先期处置，再移送被投诉人的所属单位处理。

（五）对公安机关职责范围以外的投诉，可以告知投诉人向有关职能部门进行投诉，并作出必要的解释。

第四十条 具体承办投诉的有关部门和单位，应当迅速开展调查工作，及时做出处理，并在受理投诉的3日内将查处情况告知投诉人，同时抄送110报警服务台备查；如3日内未能办结的，应当及时告知投诉人办理情况。投诉人姓名、工作单位或者家庭住址、联系方式不实，致使无法告知的除外。

第四十一条 110报警服务台及具体承办投诉的有关部门应当严格依照法律法规的规定，客观公正地进行调查处理，防止利用投诉对民警进行诬告陷害。

第四十二条 对已办结的投诉，应当做到事实清楚，证据确凿，定性准确，程序合法，处理适当，并立卷备查。对上级公安机关交办的投诉，应当及时上报查处结果。

第四十三条 上级公安机关应当对下级公安机关上报的对投诉的处理情况进行审查。如发现在事实认定、办理程序、处理结果等方面存在错误的，应当限期予以纠正。

第六章 警务保障

第四十四条 公安机关应当加强对110报警服务工作人员的宗旨教育、职业道德教育和法制教育，努力做到政治坚定、业务精通、作风优良、执法公正。

第四十五条 公安机关应当对110报警服务台接处警工作正常运转所需编制及人员、装备、经费给予必要的保障。

第四十六条 110报警服务台应当会同有关部门制定本级公安机关各类紧急突发案（事）件和群体性事件的处置工作预案，并报上级公安机关备案。

第四十七条 公安机关应当组织有关警种、部门开展处置各种案（事）件的预案演习，增强各警种之间的协调配合能力，提高公安机关快速反应能力和整体协同作战能力。

第四十八条 110报警服务台工作人员必须具备较强的政治、业务素质，身体健康，熟悉公安工作基本法律法规和公安业务常识，有较强的分析判断、综合归纳和指挥协调能力，熟悉处警区域自然情况和警力分布情况，熟悉各类案（事）件的处置工作预案，能够熟练操作110报警服务台相关设备。

第四十九条 公安机关应当加强110报警服务台工作人员的政治、法律学习和业务技能培训，经常开展岗位练兵和业务考核，提高接处警民警的政治素质、业务素质和服务水平。

第五十条 110报警服务台工作人员属于在编民警的，应当在公安机关内部定期轮岗。

第五十一条 110报警服务台应当装备接警、录音系统，有线、无线指挥调动系统，公安地理信息系统（电子地图），相应的信息查询终端和必要的办公设备、交通工具，并配备专业技术人员，保证设备处于良好运行状态。

第五十二条 110处警单位应当按照规定配备交通、通讯工具、枪支、警械、防弹背心及绳索、急救包等警用装备和救援器材。110专用警车应当统一喷涂标志，并配备必要的急救设备。

第七章 奖励与处罚

第五十三条 110报警服务台、处警单位和接处警民警在工作中表现突出，有显著成绩的，根据有关规定按程序予以奖励。

第五十四条 110接处警民警违反本规则情节轻微的，应当给予批评教育；造成工作重大失误或者产生严重后果的，应当依照有关规定给予行政处分；触犯法律的，依法追究其法律责任。

第八章 附 则

第五十五条 省、自治区、直辖市公安厅、局可以结合实际，制定本规则实施细则，并报公安部备案。

第五十六条 本规则由公安部负责解释。

公安机关适用继续盘问规定

（2004年7月12日公安部令第75号公布 根据2020年8月6日《公安部关于废止和修改部分规章的决定》修订）

第一章 总 则

第一条 为了规范继续盘问工作，保证公安机关依法履行职责和行使权限，维护社会治安秩序，保护公民的合法权益，根据《中华人民共和国人民警察法》，制定本规定。

第二条 本规定所称继续盘问，是指公安机关的人民警察为了维护社会治安秩序，对有违法犯罪嫌疑的人员当场盘问、检查后，发现具有法定情形而将其带至公安机关继续进行盘问的措施。

第三条 公安机关适用继续盘问，应当遵循依法、公正、及时、文明和确保安全的原则，做到适用对象准确、程序合法、处理适当。

第四条 继续盘问工作由公安机关主管公安派出所工作的部门负责业务指导和归口管理。

第五条 继续盘问工作由人民警察执行。严禁不具有人民警察身份的人员从事有关继续盘问的执法工作。

第六条 公安机关适用继续盘问，依法接受人民检察院、行政监察机关以及社会和公民的监督。

第二章 适用对象和时限

第七条 为维护社会治安秩序，公安机关的人民警察对有违法犯罪嫌疑的人员，经表明执法身份后，可以当场盘问、检查。

未穿着制式服装的人民警察在当场盘问、检查前，必须出示执法证件表明人民警察身份。

第八条 对有违法犯罪嫌疑的人员当场盘问、检查后，不能排除其违法犯罪嫌疑，且具有下列情形之一的，人民警察可以将其带至公安机关继续盘问：

（一）被害人、证人控告或者指认其有犯罪行为的；

（二）有正在实施违反治安管理或者犯罪行为嫌疑的；

（三）有违反治安管理或者犯罪嫌疑且身份不明的；

（四）携带的物品可能是违反治安管理或者犯罪的赃物的。

第九条 对具有下列情形之一的人员，不得适用继续盘问：

（一）有违反治安管理或者犯罪嫌疑，但未经当场盘问、检查的；

（二）经过当场盘问、检查，已经排除违反治安管理和犯罪嫌疑的；

（三）涉嫌违反治安管理行为的法定最高处罚为警告、罚款或者其他非限制人身自由的行政处罚的；

（四）从其住处、工作地点抓获以及其他应当依法直接适用传唤或者拘传的；

（五）已经到公安机关投案自首的；

（六）明知其所涉案件已经作为治安案件受理或者已经立为刑事案件的；

（七）不属于公安机关管辖的案件或者事件当事人的；

（八）患有精神病、急性传染病或者其他严重疾病的；

（九）其他不符合本规定第八条所列条件的。

第十条 对符合本规定第八条所列条件，同时具有下列情形之一的人员，可以适用继续盘问，但必须在带至公安机关之时起的四小时以内盘问完毕，且不得送入候问室：

（一）怀孕或者正在哺乳自己不满一周岁婴儿的妇女；

（二）不满十六周岁的未成年人；

（三）已满七十周岁的老年人。

对前款规定的人员在晚上九点至次日早上七点之间释放的，应当通知其家属或者监护人领回；对身份不明或者没有家属和监护人而无法通知的，应当护送至其住地。

第十一条 继续盘问的时限一般为十二小时；对在十二小时以内确实难以证实或者排除其违法犯罪嫌疑的，可以延长至二十四小时；对不讲真实姓名、住址、身份，且在二十四小时以内仍不能证实或者排除其违法犯罪嫌疑的，可以延长至四十八小时。

前款规定的时限自有违法犯罪嫌疑的人员被带至公安机关之时起，至被盘问人可以自由离开公安机关之时或者被决定刑事拘留、逮捕、行政拘留、强制戒毒而移交有关监管场所执行之时止，包括呈报和审批继续盘问、延长继续盘问时限、处理决定的时间。

第十二条 公安机关应当严格依照本规定的适用范围和时限适用继续盘问，禁止实施下列行为：

（一）超适用范围继续盘问；

（二）超时限继续盘问；

（三）适用继续盘问不履行审批、登记手续；

（四）以继续盘问代替处罚；

（五）将继续盘问作为催要罚款、收费的手段；

（六）批准继续盘问后不立即对有违法犯罪嫌疑的人员继续进行盘问；

（七）以连续继续盘问的方式变相拘禁他人。

第三章 审批和执行

第十三条 公安派出所的人民警察对符合本规定第八条所列条件，确有必要继续盘问的有违法犯罪嫌疑的人员，可以立即带回，并制作《当场盘问、检查笔录》、填写《继续盘问审批表》报公安派出所负责人审批决定继续盘问十二小时。对批准继续盘问的，应当将《继续盘问审批表》复印、传真或者通过计算机网络报所属县、市、旗公安局或者城市公安分局主管公安派出所工作的部门备案。

县、市、旗公安局或者城市公安分局其他办案部门和设区的市级以上公安机关及其内设机构的人民警察对有违法犯罪嫌疑的人员，应当依法直接适用传唤、拘传、刑事拘留、逮捕、取保候审或者监视居住，不得适用继续盘问；对符合本规定第八条所列条件，确有必要继续盘问的有违法犯罪嫌疑的人员，可以带至就近的公安派出所，按照本规定适用继续盘问。

第十四条 对有违法犯罪嫌疑的人员批准继续盘问的，公安派出所应当填写《继续盘问通知书》，送达被盘问人，并立即通知其家属或者单位；未批准继续盘问的，应当立即释放。

对被盘问人身份不明或者没有家属和单位而无法通知的，应当在《继续盘问通知书》上注明，并由被盘问人签名或者捺指印。但是，对因身份不明而无法通知的，在继续盘问期间查明身份后，应当依照前款的规定通知其家属或者单位。

第十五条 被盘问人的家属为老年人、残疾人、精神病人、不满十六周岁的未成年人或者其他没有独立生活能力的人，因公安机关实施继续盘问而使被盘问人的家属无人照顾的，公安机关应当通知其亲友予以照顾或者采取其他适当办法妥善安排，并将安排情况及时告知被盘问人。

第十六条 对有违法犯罪嫌疑的人员批准继续盘问后，应当立即结合当场盘问、检查的情况继续对其进行盘问，以证实或者排除其违法犯罪嫌疑。

对继续盘问的情况，应当制作《继续盘问笔录》，并载明被盘问人被带至公安机关的具体时间，由被盘问人核对无误后签名或者捺指印。对被盘问人拒绝签名和捺指印的，应当在笔录上注明。

第十七条 对符合本规定第十一条所列条件，确有必要将继续盘问时限延长至二十四小时的，公安派出所应当填写《延长继续盘问时限审批表》，报县、市、旗公安局或者城市公安分局的值班负责人审批；确有必要将继续盘问时限从二十四小时延长至四十八小时的，公安派出所应当填写《延长继续盘问时限审批表》，报县、市、旗公安局或者城市公安分局的主管负责人审批。

县、市、旗公安局或者城市公安分局的值班或者主管负责人应当在继续盘问时限届满前作出是否延长继续盘问时限的决定，但不得决定将继续盘问时限直接从十二小时延长至四十八小时。

第十八条 除具有《中华人民共和国人民警察使用警械和武器条例》规定的情形外，对被盘问人不得使用警械或者武器。

第十九条 对具有下列情形之一的，应当立即终止继续盘问，并立即释放被盘问人或者依法作出处理决定：

（一）继续盘问中发现具有本规定第九条所列情形之一的；

（二）已经证实有违法犯罪行为的；

（三）有证据证明有犯罪嫌疑的。

对经过继续盘问已经排除违法犯罪嫌疑，或者经过批准的继续盘问、延长继续盘问时限届满，尚不能证实其违法犯罪嫌疑的，应当立即释放被盘问人。

第二十条 对终止继续盘问或者释放被盘问人的，应当在《继续盘问登记表》上载明终止继续盘问或者释放的具体时间、原因和处理结果，由被盘问人核对无误后签名或者捺指印。被盘问人拒绝签名和捺指印的，应当在《继续盘问登记表》上注明。

第二十一条 在继续盘问期间对被盘问人依法作出刑事拘留、逮捕或者行政拘留、强制戒毒决定的，应当立即移交有关监管场所执行；依法作出取保候审、监视居住或者警告、罚款等行政处罚决定的，应当立即释放。

第二十二条 在继续盘问期间，公安机关及其人民警察应当依法保障被盘问人的合法权益，严禁实施下列行为：

（一）对被盘问人进行刑讯逼供；

（二）殴打、体罚、虐待、侮辱被盘问人；

（三）敲诈勒索或者索取、收受贿赂；

（四）侵吞、挪用、损毁被盘问人的财物；

（五）违反规定收费或者实施处罚；

（六）其他侵犯被盘问人合法权益的行为。

第二十三条 对在继续盘问期间突患疾病或者受伤的被盘问人，公安派出所应当立即采取措施予以救治，通知其家属或者单位，并向县、市、旗公安局或者城市公安分局负责人报告，做好详细记录。对被盘问人身份不明或者没有家属和单位而无法通知的，应当在《继续盘问登记表》上注明。

救治费由被盘问人或者其家属承担。但是，由于公安机关或者他人的过错导致被盘问人患病、受伤的，救治费由有过错的一方承担。

第二十四条 被盘问人在继续盘问期间死亡的，公安派出所应当做好以下工作：

（一）保护好现场，保管好尸体；

（二）立即报告所属县、市、旗公安局或者城市公安分局的主管负责人或者值班负责人、警务督察部门和主管公安派出所工作的部门；

（三）立即通知被盘问人的家属或者单位。

第二十五条 县、市、旗公安局或者城市公安分局接到被盘问人死亡的报告后，应当做好以下工作：

（一）立即通报同级人民检察院；

（二）在二十四小时以内委托具有鉴定资格的人员进行死因鉴定；

（三）在作出鉴定结论后三日以内将鉴定结论送达被盘问人的家属或者单位。对被盘问人身份不明或者没有家属和单位而无法通知的，应当在鉴定结论上注明。

被盘问人的家属或者单位对鉴定结论不服的，可以在收到鉴定结论后的七日以内向上一级公安机关申请重新鉴定。上一级公安机关接到申请后，应当在三日以内另行委托具有鉴定资格的人员进行重新鉴定。

第四章　候问室的设置和管理

第二十六条　县、市、旗公安局或者城市公安分局经报请设区的市级以上公安机关批准，可以在符合下列条件的公安派出所设置候问室：

（一）确有维护社会治安秩序的工作需要；

（二）警力配置上能够保证在使用候问室时由人民警察值班、看管和巡查。

县、市、旗公安局或者城市公安分局以上公安机关及其内设机构，不得设置候问室。

第二十七条　候问室的建设必须达到以下标准：

（一）房屋牢固、安全、通风、透光，单间使用面积不得少于六平方米，层高不低于二点五五米；

（二）室内应当配备固定的坐具，并保持清洁、卫生；

（三）室内不得有可能被直接用以行凶、自杀、自伤的物品；

（四）看管被盘问人的值班室与候问室相通，并采用栏杆分隔，以便于观察室内情况。

对有违法犯罪嫌疑的人员继续盘问十二小时以上的，应当为其提供必要的卧具。

候问室应当标明名称，并在明显位置公布有关继续盘问的规定、被盘问人依法享有的权利和候问室管理规定。

第二十八条　候问室必须经过设区的市级以上公安机关验收合格后，才能投入使用。

第二十九条　候问室应当建立以下日常管理制度，依法严格、文明管理：

（一）设立《继续盘问登记表》，载明被盘问人的姓名、性别、年龄、住址、单位，以及办案部门、承办人、批准人、继续盘问的原因、起止时间、处理结果等情况；

（二）建立值班、看管和巡查制度，明确值班岗位责任，候问室有被盘问人时，应当由人民警察值班、看管和巡查，如实记录有关情况，并做好交接工作；

（三）建立档案管理制度，对《继续盘问登记表》等有关资料按照档案管理的要求归案保存，以备查验。

第三十条　除本规定第十条所列情形外，在继续盘问间隙期间，应当将被盘问人送入候问室；未设置候问室的，应当由人民警察在讯问室、办公室看管，或者送入就近公安派出所的候问室。

禁止将被盘问人送入看守所、拘役所、拘留所、强制戒毒所或者其他监管场所关押，以及将不同性别的被盘问人送入同一个候问室。

第三十一条 被盘问人被送入候问室时，看管的人民警察应当问清其身体状况，并做好记录；发现被盘问人有外伤、有严重疾病发作的明显症状的，或者具有本规定第十条所列情形之一的，应当立即报告县、市、旗公安局或者城市公安分局警务督察部门和主管公安派出所工作的部门，并做好详细记录。

第三十二条 将被盘问人送入候问室时，对其随身携带的物品，公安机关应当制作《暂存物品清单》，经被盘问人签名或者捺指印确认后妥为保管，不得侵吞、挪用或者损毁。

继续盘问结束后，被盘问人的物品中属于违法犯罪证据或者违禁品的，应当依法随案移交或者作出处理，并在《暂存物品清单》上注明；与案件无关的，应当立即返还被盘问人，并在《暂存物品清单》上注明，由被盘问人签名或者捺指印。

第三十三条 候问室没有厕所和卫生用具的，人民警察带领被盘问人离开候问室如厕时，必须严加看管，防止发生事故。

第三十四条 在继续盘问期间，公安机关应当为被盘问人提供基本的饮食。

第五章 执法监督

第三十五条 公安机关应当将适用继续盘问的情况纳入执法质量考核评议范围，建立和完善办案责任制度、执法过错责任追究制度及其他内部执法监督制度。

第三十六条 除本规定第二十四条、第三十一条所列情形外，发生被盘问人重伤、逃跑、自杀、自伤等事故以及继续盘问超过批准时限的，公安派出所必须立即将有关情况报告县、市、旗公安局或者城市公安分局警务督察部门和主管公安派出所工作的部门，并做好详细记录。

县、市、旗公安局或者城市公安分局警务督察部门应当在接到报告后立即进行现场督察。

第三十七条 警务督察部门负责对继续盘问的下列情况进行现场督察：

（一）程序是否合法，法律手续是否齐全；

（二）继续盘问是否符合法定的适用范围和时限；

（三）候问室的设置和管理是否违反本规定；

（四）有无刑讯逼供或者殴打、体罚、虐待、侮辱被盘问人的行为；

（五）有无违法使用警械、武器的行为；

（六）有无违反规定收费或者实施处罚的行为；

（七）有无其他违法违纪行为。

第三十八条 警务督察部门在现场督察时，发现办案部门或者人民警察在继续盘问中有违法违纪行为的，应当按照有关规定，采取当场制止、纠正、发督察法律文书、责令停止执行职务或者禁闭等督察措施进行处理；对需要给予处分或者追究刑事责任的，应当依法移送有关部门处理。

第三十九条 对在适用继续盘问中有下列情形之一的，公安机关应当依照《公安机关督察条例》、《公安机关人民警察执法过错责任追究规定》追究有关责任人员的执法过错责任，并依照《中华人民共和国人民警察法》、《国家公务员暂行条例》和其他有关规定给予处分；构成犯罪的，依法追究直接负责的主管人员和其他直接责任人员的刑事责任：

（一）违法使用警械、武器，或者实施本规定第十二条、第二十二条、第三十条第二款所列行为之一的；

（二）未经批准设置候问室，或者将被盘问人送入未经验收合格的候问室的；

（三）不按照本规定第十四条、第十五条的规定通知被盘问人家属或者单位、安排被盘问人无人照顾的家属的；

（四）不按照本规定第十九条、第二十一条的规定终止继续盘问、释放被盘问人的；

（五）不按照本规定第二十三条、第二十四条、第三十一条和第三十六条的规定报告情况的；

（六）因疏于管理导致发生被盘问人伤亡、逃跑、自杀、自伤等事故的；

（七）指派不具有人民警察身份的人员从事有关继续盘问的执法工作的；

（八）警务督察部门不按照规定进行现场督察、处理或者在现场督察中对违法违纪行为应当发现而没有发现的；

（九）有其他违反本规定或者违法违纪行为的。

因违法使用警械、武器或者疏于管理导致被盘问人在继续盘问期间自杀身亡、被殴打致死或者其他非正常死亡的，除依法追究有关责任人员的法律责任外，应当对负有直接责任的人民警察予以开除，对公安派出所的主要负责人予以撤职，对所属公安机关的分管负责人和主要负责人予以处分，并取消该公安派出所及其所属公安机关参加本年度评选先进的资格。

第四十条 被盘问人认为公安机关及其人民警察违法实施继续盘问侵犯其合法权益造成损害，依法向公安机关申请国家赔偿的，公安机关应当依照国家赔偿法的规定办理。

公安机关依法赔偿损失后，应当责令有故意或者重大过失的人民警察承担部分或者全部赔偿费用，并对有故意或者重大过失的责任人员，按照本规定第三十九条追究其相应的责任。

第六章　附　　则

第四十一条　本规定所称“以上”、“以内”，均包含本数或者本级。

第四十二条　本规定涉及的有关法律文书格式，由公安部统一制定。

第四十三条　各省、自治区、直辖市公安厅、局和新疆生产建设兵团公安局可以根据本规定，制定具体操作规程、候问室建设标准和管理规定，报公安部备案审查后施行。

第四十四条　本规定自二〇〇四年十月一日起施行。公安部以前制定的关于继续盘问或者留置的规定，凡与本规定不一致的同时废止。

人民警察抚恤优待办法

（2014 年 4 月 30 日　民发〔2014〕101 号）

第一章　总　　则

第一条　为了做好人民警察的抚恤优待工作，激励人民警察的奉献精神，根据《中华人民共和国人民警察法》和国家有关优抚法规、政策，制定本办法。

第二条　本办法所称人民警察，是指公安机关（含铁路、交通、民航、森林公安机关和海关缉私部门）、国家安全机关、司法行政机关的人民警察和人民法院、人民检察院的司法警察。

伤残人民警察、人民警察烈士遗属、因公牺牲人民警察遗属、病故人民警察遗属是本办法规定的抚恤优待对象，依照本办法的规定享受抚恤优待。

第三条　人民警察抚恤优待经费列入财政预算，专款专用，接受财政部门、审计机关的监督。

国家鼓励社会组织和个人对人民警察抚恤优待事业提供捐助。

第四条　各级人民政府民政部门要充分发挥政府职能部门的作用，认真履行职责，严格执行现行优抚法规、政策，根据人民警察的工作性质，准确、及时办理人民警察的伤亡抚恤事宜。

第五条　各级人民政府公安机关、国家安全机关、司法行政机关和各级人民法院、人民检察院（以下简称各级政法机关）要做好抚恤优待政策的执行、宣传工作，关心抚恤优待对象的工作和生活，依据国家有关规定，帮助解决困难和问题。

第六条 各级政法机关的政治工作部门负责办理人民警察抚恤优待的具体工作。

各级政法机关的政治工作部门应当严格管理伤亡人民警察的有关材料，按烈士、因公牺牲、病故、伤残分类建立档案，长期保存。

第二章 死亡抚恤

第七条 人民警察死亡被评定为烈士、被确认为因公牺牲或者病故的，其遗属依照本办法规定享受抚恤。

第八条 人民警察死亡，符合下列情形之一的，评定为烈士：

（一）在依法查处违法犯罪行为、执行国家安全工作任务、执行反恐怖任务和处置突发事件中牺牲的；

（二）抢险救灾或者其他为了抢救、保护国家财产、集体财产、公民生命财产牺牲的；

（三）在执行外交任务或者国家派遣的对外援助、维持国际和平任务中牺牲的；

（四）在执行武器装备科研试验任务中牺牲的；

（五）其他牺牲情节特别突出，堪为楷模的。

人民警察在处置突发事件、执行边海防执勤或者抢险救灾任务中失踪，经法定程序宣告死亡的，按烈士对待。

第九条 人民警察死亡后，申报烈士的，按照《烈士褒扬条例》有关规定办理。

第十条 人民警察死亡，符合下列情形之一的，确认为因公牺牲：

（一）在执行任务或者在上下班途中，由于意外事件死亡的；

（二）被认定为因战、因公致残后因旧伤复发死亡的；

（三）因患职业病死亡的；

（四）在执行任务中或者在工作岗位上因病猝然死亡，或者因医疗事故死亡的；

（五）其他因公死亡的。

人民警察在处置突发事件、执行边海防执勤或者执行抢险救灾以外的其他任务中失踪，经法定程序宣告死亡的，按照因公牺牲对待。

第十一条 人民警察因公牺牲，由所在单位的县级以上政法机关审查确认，由同级人民政府民政部门复核，实施监督。

国家安全机关人民警察因公牺牲，由省级以上国家安全机关审查确认，由同级人民政府民政部门复核，实施监督。

省（自治区、直辖市）直属监狱和司法行政戒毒场所人民警察因公牺牲，由省（自治区、直辖市）司法行政机关审查确认，由同级人民政府民政部门复核，实施监督。

第十二条 人民警察除第十条第一款第三项、第四项规定情形以外，因其他疾病死亡的，确认为病故。

人民警察非执行任务死亡，或者失踪经法定程序宣告死亡的，按照病故对待。

人民警察病故，由所在单位的县级以上政法机关确认。

第十三条 对烈士遗属，由县级人民政府民政部门发给《中华人民共和国烈士证明书》。对因公牺牲和病故人民警察的遗属，由所在单位的县级以上政法机关分别发给《中华人民共和国人民警察因公牺牲证明书》和《中华人民共和国人民警察病故证明书》。

证明书的持证人应由烈士、因公牺牲、病故人民警察的父母（抚养人）、配偶、子女协商确定，协商不通的，按照下列顺序确定一名持证人：（一）父母（抚养人）；（二）配偶；（三）子女。有多个子女的，发给长子女。无上述对象，发给兄弟姐妹，有多个兄弟姐妹的，发给其中的长者。没有遗属的，由证明书发放机关存档。

确定持证遗属后，原则上不再更改持证人和更换证明书。

第十四条 人民警察死亡被评定为烈士的，依照《烈士褒扬条例》的规定发给遗属烈士褒扬金，其标准为烈士牺牲时上一年度全国城镇居民人均可支配收入的30倍。

第十五条 人民警察死亡，根据其死亡性质和死亡时的月工资标准（基本工资和警衔津贴），发给其遗属一次性抚恤金，标准是：

烈士、因公牺牲的，为上一年度全国城镇居民人均可支配收入的20倍加本人40个月的工资；

病故的，为上一年度全国城镇居民人均可支配收入的2倍加本人40个月的工资。

第十六条 获得荣誉称号和立功（含死亡后追记、追认功勋）的人民警察死亡后，按以下比例增发一次性抚恤金：

（一）获得党中央、国务院授予英雄模范荣誉称号的，增发35%；

（二）获得中央政法机关及省级党委、政府授予英雄模范荣誉称号的，增发30%；

（三）立一等功的，增发25%；

（四）立二等功的，增发15%；

（五）立三等功的，增发5%。

多次获得荣誉称号或者立功的，按照其中最高等级奖励的增发比例，增发一次性抚恤金。

离退休人民警察死亡，增发一次性抚恤金按上述规定执行。

第十七条 烈士的一次性抚恤金、增发一次性抚恤金，由颁发烈士证书的县级人民政府民政部门发放；因公牺牲、病故人民警察的一次性抚恤金、增发一次性抚恤金，由所在单位的县级以上政法机关发放。

第十八条 一次性抚恤金发给烈士、因公牺牲、病故人民警察的父母（抚养人）、配偶、子女；没有父母（抚养人）、配偶、子女的，发给未满18周岁的兄弟姐妹和已满18周岁但无生活费来源且由该人民警察生前供养的兄弟姐妹。

第十九条 对符合享受定期抚恤金条件的烈士遗属，由遗属户籍所在地的县级人民政府民政部门发给定期抚恤金。

对符合享受遗属生活困难补助条件的因公牺牲和病故人民警察遗属，由人民警察所在单位的县级以上政法机关按照因公牺牲、病故军人遗属定期抚恤金标准发给生活困难补助费。

第二十条 享受定期抚恤金或遗属生活困难补助费的人员死亡，停发定期抚恤金或遗属生活困难补助费，并由原发放单位另外增发6个月的定期抚恤金或遗属生活困难补助费，作为丧葬补助费。

第二十一条 对生前作出特殊贡献的因公牺牲、病故人民警察，除按照本办法规定发给其遗属一次性抚恤金外，政法机关可以按照有关规定发给其遗属一次性特别抚恤金。

第二十二条 人民警察失踪，经法定程序宣告死亡的，在其被评定为烈士、确认为因公牺牲或者病故后，又经法定程序撤销对其死亡宣告的，由原评定或者确认机关取消其烈士、因公牺牲人民警察或者病故人民警察资格，并由发证机关收回有关证件，终止其家属原享受的抚恤优待待遇。

第二十三条 《中华人民共和国烈士证明书》、《中华人民共和国人民警察因公牺牲证明书》、《中华人民共和国人民警察病故证明书》由民政部统一印制。证明书的管理，按照民政部的规定执行。

第三章 伤残抚恤和优待

第二十四条 人民警察伤残，按致残性质分为：

（一）因战致残；

（二）因公致残。

第二十五条 因第八条第一款规定的情形之一导致伤残的，认定为因战致残；因第十条第一款规定的情形之一导致伤残的，认定为因公致残。

第二十六条 伤残的等级，根据劳动功能障碍程度和生活自理障碍程度确定，由重到轻分为一级至十级。伤残等级的具体评定标准，参照《军人残疾等级评定标准》执行。

第二十七条 人民警察因战、因公负伤，符合评定伤残等级条件的，应当在因战、因公负伤3年内提出申请。

伤残人民警察的残情医学鉴定，由设区的市级以上人民政府民政部门指定的伤残医学鉴定机构作出；职业病的残情医学鉴定由省级人民政府民政部门指定的鉴定机构作出。

第二十八条 人民警察伤残等级评定程序按照《伤残抚恤管理办法》有关规定办理。

申请评残的人民警察所在单位应把评残情况逐级报至省级政法机关政治工作部门备案。

第二十九条 人民警察符合评残条件，并经省级人民政府民政部门审批通过的，由省级人民政府民政部门办理《中华人民共和国伤残人民警察证》，并通过县级人民政府民政部门将《中华人民共和国伤残人民警察证》发给本人所在单位，由所在单位转交本人。

第三十条 人民警察被评定伤残等级后，伤残情况发生明显变化，原定伤残等级与现伤残情况明显不符的，应按规定调整伤残等级。

第三十一条 伤残人民警察，按照伤残等级享受伤残抚恤金。伤残抚恤金由发给其伤残证件的县级人民政府民政部门发给，其标准按照《军人抚恤优待条例》规定执行。

第三十二条 伤残人民警察旧伤复发住院治疗期间的伙食补助费、经批准到外地就医的交通食宿费用，已经参加工伤保险的，按照工伤保险有关规定执行；未参加工伤保险的，由所在单位负责解决。

伤残人民警察需要配制假肢、轮椅等辅助器械的，已经参加工伤保险的，按照工伤保险有关规定执行；未参加工伤保险的，按照规定的标准，由其所在单位负责解决。

第三十三条 对符合相关规定的一级至四级伤残人民警察按月发给护理费，护理费的标准为：

（一）一级、二级伤残的，为上年度当地职工月平均工资的50%；

（二）三级、四级伤残的，为上年度当地职工月平均工资的40%。

伤残人民警察的护理费，已经参加工伤保险的，按照工伤保险有关规定执行；未参加工伤保险的，由所在单位负责解决。

第三十四条 伤残抚恤优待关系转移时，当年的伤残抚恤金由迁出地民政部门发给，从第二年起，由迁入地民政部门发给。

第三十五条 伤残人民警察凭《中华人民共和国伤残人民警察证》优先购票乘坐境内运行的火车、轮船、长途公共汽车以及民航班机，享受减收正常票价50%的优待。

伤残人民警察凭《中华人民共和国伤残人民警察证》免费乘坐市内公共汽车、电车和轨道交通工具。

第三十六条 伤残人民警察本人、烈士子女、因公牺牲人民警察子女、一级至四级伤残人民警察子女按照有关规定享受教育优待。

第四章 附 则

第三十七条 未列入行政编制的人民警察的抚恤优待，参照本办法执行，其抚恤费由所在单位按规定发放。

第三十八条 公安机关边防、消防、警卫等现役编制人民警察抚恤优待待遇，按照《军人抚恤优待条例》和有关政策规定执行。

第三十九条 本办法规定的抚恤优待对象被判处有期徒刑、剥夺政治权利或者被通缉期间，中止其抚恤优待待遇；被判处死刑、无期徒刑的，取消其抚恤优待资格。

第四十条 各省、自治区、直辖市政法机关可以根据本地区实际情况，会同同级民政等部门制定对伤亡人民警察及其遗属抚恤优待的具体办法。

第四十一条 本办法由民政部会同最高人民法院、最高人民检察院、公安部、国家安全部、司法部负责解释。

第四十二条 本办法自印发之日起施行。1996 年 11 月 19 日公安部、民政部颁布的《公安机关人民警察抚恤办法》、1997 年 8 月 20 日国家安全部、民政部颁布的《国家安全机关人民警察抚恤办法》、1998 年 5 月 14 日最高人民法院、最高人民检察院、民政部颁布的《人民法院、人民检察院司法警察抚恤办法》、1999 年 11 月 16 日司法部、民政部颁布的《司法行政系统人民警察抚恤办法》同时废止。

最高人民法院、最高人民检察、公安部关于依法惩治袭警违法犯罪行为的指导意见

（2020 年 1 月 10 日）

人民警察代表国家行使执法权，肩负着打击违法犯罪、维护社会稳定、维持司法秩序、执行生效裁判等重要职责。在依法履职过程中，人民警察遭受违法犯罪分子暴力侵害、打击报复的事件时有发生，一些犯罪分子气焰嚣张、手段残忍，甚至出现预谋性、聚众性袭警案件，不仅危害民警人身安全，更严重

损害国家法律权威、破坏国家正常管理秩序。为切实维护国家法律尊严，维护民警执法权威，保障民警人身安全，依法惩治袭警违法犯罪行为，根据有关法律法规，经最高人民法院、最高人民检察院、公安部共同研究决定，制定本意见。

一、对正在依法执行职务的民警实施下列行为的，属于刑法第二百七十七条第五款规定的“暴力袭击正在依法执行职务的人民警察”，应当以妨害公务罪定罪从重处罚：

1. 实施撕咬、踢打、抱摔、投掷等，对民警人身进行攻击的；

2. 实施打砸、毁坏、抢夺民警正在使用的警用车辆、警械等警用装备，对民警人身进行攻击的；

对正在依法执行职务的民警虽未实施暴力袭击，但以实施暴力相威胁，符合刑法第二百七十七条第一款规定的，以妨害公务罪定罪处罚。

醉酒的人实施袭警犯罪行为，应当负刑事责任。

教唆、煽动他人实施袭警犯罪行为或者为他人实施袭警犯罪行为提供工具、帮助的，以共同犯罪论处。

对袭警情节轻微或者辱骂民警，尚不构成犯罪，但构成违反治安管理行为的，应当依法从重给予治安管理处罚。

二、实施暴力袭警行为，具有下列情形之一的，在第一条规定的基础上酌情从重处罚：

1. 使用凶器或者危险物品袭警、驾驶机动车袭警的；

2. 造成民警轻微伤或者警用装备严重毁损的；

3. 妨害民警依法执行职务，造成他人伤亡、公私财产损失或者造成犯罪嫌疑人脱逃、毁灭证据等严重后果的；

4. 造成多人围观、交通堵塞等恶劣社会影响的；

5. 纠集多人袭警或者袭击民警二人以上的；

6. 曾因袭警受过处罚，再次袭警的；

7. 实施其他严重袭警行为的。

实施上述行为，构成犯罪的，一般不得适用缓刑。

三、驾车冲撞、碾轧、拖拽、剐蹭民警，或者挤别、碰撞正在执行职务的警用车辆，危害公共安全或者民警生命、健康安全，符合刑法第一百一十四条、第一百一十五条、第二百三十二条、第二百三十四条规定的，应当以以危险方法危害公共安全罪、故意杀人罪或者故意伤害罪定罪，酌情从重处罚。

暴力袭警，致使民警重伤、死亡，符合刑法第二百三十四条、第二百三十二条规定的，应当以故意伤害罪、故意杀人罪定罪，酌情从重处罚。

四、抢劫、抢夺民警枪支，符合刑法第一百二十七条第二款规定的，应当以抢劫枪支罪、抢夺枪支罪定罪。

五、民警在非工作时间，依照《中华人民共和国人民警察法》等法律履行职责的，应当视为执行职务。

六、在民警非执行职务期间，因其职务行为对其实施暴力袭击、拦截、恐吓等行为，符合刑法第二百三十四条、第二百三十二条、第二百九十三条等规定的，应当以故意伤害罪、故意杀人罪、寻衅滋事罪等定罪，并根据袭警的具体情节酌情从重处罚。

各级人民法院、人民检察院和公安机关要加强协作配合，对袭警违法犯罪行为快速处理、准确定性、依法严惩。一要依法及时开展调查处置、批捕、起诉、审判工作。民警对于袭警违法犯罪行为应当依法予以制止，并根据现场条件，妥善保护案发现场，控制犯罪嫌疑人。负责侦查办理袭警案件的民警应当全面收集、提取证据，特别是注意收集民警现场执法记录仪和周边监控等视听资料、在场人员证人证言等证据，查清案件事实。对造成民警或者他人受伤、财产损失的，依法进行鉴定。在处置过程中，民警依法依规使用武器、警械或者采取其他必要措施制止袭警行为，受法律保护。人民检察院对于公安机关提请批准逮捕、移送审查起诉的袭警案件，应当从严掌握无逮捕必要性、犯罪情节轻微等不捕不诉情形，慎重作出不批捕、不起诉决定，对于符合逮捕、起诉条件的，应当依法尽快予以批捕、起诉。对于袭警行为构成犯罪的，人民法院应当依法及时审判，严格依法追究犯罪分子刑事责任。二要依法适用从重处罚。暴力袭警是刑法第二百七十七条规定的从重处罚情形。人民法院、人民检察院和公安机关在办理此类案件时，要准确认识袭警行为对于国家法律秩序的严重危害，不能将袭警行为等同于一般的故意伤害行为，不能仅以造成民警身体伤害作为构成犯罪的标准，要综合考虑袭警行为的手段、方式以及对执行职务的影响程度等因素，准确认定犯罪性质，从严追究刑事责任。对袭警违法犯罪行为，依法不适用刑事和解和治安调解。对于构成犯罪，但具有初犯、偶犯、给予民事赔偿并取得被害人谅解等情节的，在酌情从宽时，应当从严把握从宽幅度。对犯罪性质和危害后果特别严重、犯罪手段特别残忍、社会影响特别恶劣的犯罪分子，虽具有上述酌定从宽情节但不足以从轻处罚的，依法不予从宽处罚。三要加强规范执法和法制宣传教育。人民警察要严格按照法律规定的程序和标准正确履职，特别是要规范现场执法，以法为据、以理服人，妥善化解矛盾，谨慎使用强制措施和武器警械。人民法院、人民检察院、公安机关在依法办案的同时，要加大法制宣传教育力度，对于社会影响大、舆论关注度高的重大案件，视情通过新闻媒体、微信、微博等多种形式，向社会通报案件进展情况，澄清事实真相，并结合案情释法说理，说明袭警行为的危害性。要适时公开曝光一批典型案例，向社会揭露袭警行为的违法性和严重危害性，教育人民群众遵纪守法，在全社会树立“敬畏法律、尊重执法者”的良好法治环境。

各地各相关部门在执行中遇有问题，请及时上报各自上级机关。

图书在版编目（CIP）数据

中华人民共和国人民警察法：实用版/中国法制出版社编．—2 版．—北京：中国法制出版社，2015．3

（2024.11重印）

ISBN 978－7－5093－6220－4

Ⅰ．①中… Ⅱ．①中… Ⅲ．①人民警察法－中国 Ⅳ．①D922．14

中国版本图书馆 CIP 数据核字（2015）第 058479 号

中华人民共和国人民警察法（实用版）

ZHONGHUA RENMIN GONGHEGUO RENMIN JINGCHAFA（SHIYONGBAN）

经销/新华书店

印刷/三河市国英印务有限公司

开本/850 毫米×1168 毫米 32 开　　印张/5　字数/143 千

版次/2015 年 4 月第 2 版　　2024 年 11 月第 14 次印刷

中国法制出版社出版

书号 ISBN 978－7－5093－6220－4　　定价：18．00 元

北京市西城区西便门西里甲 16 号西便门办公区

邮政编码：100053　　传真：010－63141600

网址：http：//www.zgfzs.com　　编辑部电话：010－63141672

市场营销部电话：010－63141612　　印务部电话：010－63141606

（如有印装质量问题，请与本社印务部联系。）

实用版法律单行本系列

(1) 中华人民共和国宪法（实用版）
(2) 中华人民共和国全国人民代表大会和地方各级人民代表大会选举法（实用版）
(3) 中华人民共和国村民委员会组织法（实用版）
(4) 中华人民共和国政府信息公开条例（实用版）
(5) 中华人民共和国民法典（实用版）
(6) 中华人民共和国民法典物权编（实用版）
(7) 中华人民共和国民法典合同编（实用版）
(8) 中华人民共和国民法典人格权编（实用版）
(9) 中华人民共和国民法典侵权责任编（实用版）
(10) 中华人民共和国土地管理法（实用版）
(11) 中华人民共和国城市房地产管理法（实用版）
(12) 中华人民共和国城乡规划法（实用版）
(13) 中华人民共和国农村土地承包法（实用版）
(14) 中华人民共和国农村土地承包经营纠纷调解仲裁法（实用版）
(15) 中华人民共和国著作权法（实用版）
(16) 中华人民共和国商标法（实用版）
(17) 中华人民共和国退役军人保障法（实用版)
(18) 中华人民共和国民法典婚姻家庭编（实用版）
(19) 中华人民共和国民法典继承编（实用版）
(20) 中华人民共和国消费者权益保护法（实用版）
(21) 中华人民共和国产品质量法（实用版）
(22) 中华人民共和国食品安全法（实用版）
(23) 中华人民共和国反不正当竞争法（实用版）
(24) 中华人民共和国个人信息保护法（实用版）
(25) 中华人民共和国妇女权益保障法（实用版）
(26) 中华人民共和国法律援助法（实用版）
(27) 中华人民共和国公司法（实用版）
(28) 中华人民共和国合伙企业法（实用版）
(29) 中华人民共和国企业破产法（实用版）
(30) 中华人民共和国保险法（实用版）
(31) 中华人民共和国票据法（实用版）
(32) 中华人民共和国证券法（实用版）
(33) 中华人民共和国劳动法（实用版）
(34) 中华人民共和国劳动合同法（实用版）
(35) 中华人民共和国反有组织犯罪法（实用版）
(36) 中华人民共和国劳动争议调解仲裁法（实用版）
(37) 中华人民共和国安全生产法（实用版）
(38) 中华人民共和国工会法（实用版）
(39) 中华人民共和国公务员法（实用版）
(40) 中华人民共和国行政处罚法（实用版）
(41) 中华人民共和国行政许可法（实用版）
(42) 中华人民共和国行政诉讼法（实用版）
(43) 中华人民共和国行政复议法（实用版）
(44) 中华人民共和国治安管理处罚法（实用版）
(45) 中华人民共和国道路交通安全法（实用版）
(46) 中华人民共和国国家赔偿法（实用版）
(47) 中华人民共和国建筑法（实用版）
(48) 中华人民共和国环境保护法（实用版）
(49) 中华人民共和国消防法（实用版）
(50) 中华人民共和国人民警察法（实用版）
(51) 中华人民共和国突发事件应对法（实用版）
(52) 中华人民共和国刑法（实用版）
(53) 中华人民共和国刑事诉讼法（实用版）
(54) 中华人民共和国民事诉讼法（实用版）
(55) 中华人民共和国仲裁法（实用版）
(56) 物业管理条例（实用版）
(57) 工伤保险条例（实用版）
(58) 医疗事故处理条例（实用版）
(59) 国有土地上房屋征收与补偿条例（实用版）
(60) 信访工作条例（实用版）
(61) 学生伤害事故处理办法（实用版）
(62) 中华人民共和国未成年人保护法（实用版）
(63) 中华人民共和国禁毒法（实用版）
(64) 中华人民共和国人民调解法（实用版）
(65) 中华人民共和国社会保险法（实用版）
(66) 中华人民共和国行政强制法（实用版）
(67) 中华人民共和国旅游法（实用版）
(68) 中华人民共和国老年人权益保障法（实用版）
(69) 中华人民共和国民法典总则编（实用版）
(70) 中华人民共和国网络安全法（实用版）
(71) 中华人民共和国反间谍法（实用版）
(72)中华人民共和国无障碍环境建设法（实用版）
(73)中华人民共和国反电信网络诈骗法（实用版）

专业出版——中国法制出版社是中央级法律图书专业出版机构，法律、行政法规的权威出版机构

精选法规——收录常用法律文件，为法律纠纷的解决提供最密切、最直接的条文规定

详致解读——对重难点法条进行条文注释，帮助读者理解和把握法律规定的精髓

附赠电子版——扫一扫底部二维码，免费获取电子版增补文件

法规提要

中华人民共和国人民警察法
公安机关执法公开规定
公安机关人民警察内务条令
公安机关人民警察纪律条令
公安机关人民警察奖励条令
公安机关人民警察训练条令
警车管理规定
中华人民共和国人民警察使用警械和武器条例
公安机关人民警察执法过错责任追究规定
人民警察抚恤优待办法

法规编辑部
公众号

上架建议 法律法规

ISBN 978-7-5093-6220-4
9 787509 362204 >

定价：18.00元